SUR LA SOLIDARITÉ

LE FAIT ET SES PRINCIPALES FORMES

SON EXACTE VALEUR MORALE

LA SOLIDARITÉ

DANS L'ÉDUCATION DE LA DÉMOCRATIE

PAR

L. FLEURANT

PROFESSEUR AGRÉGÉ DE PHILOSOPHIE AU LYCÉE DE GRENOBLE

PARIS

SOCIÉTÉ FRANÇAISE D'IMPRIMERIE ET DE LIBRAIRIE

15, RUE DE CLUNY, 15

1907

SUR LA SOLIDARITÉ

SUR LA SOLIDARITÉ

LE FAIT ET SES PRINCIPALES FORMES

SON EXACTE VALEUR MORALE

LA SOLIDARITÉ

DANS L'ÉDUCATION DE LA DÉMOCRATIE

PAR

L. FLEURANT

PROFESSEUR AGRÉGÉ DE PHILOSOPHIE AU LYCÉE DE GRENOBLE

PARIS

SOCIÉTÉ FRANÇAISE D'IMPRIMERIE ET DE LIBRAIRIE

15, RUE DE CLUNY, 15

1907

PRÉFACE

CARACTÈRE ET PLAN DE L'OUVRAGE

Ce petit livre, assurément, ne mérite pas qu'on en fasse l'histoire. Du moins nous permettra-t-on de dire, afin d'en préciser l'objet, comment il fut composé.

C'est le fruit d'un travail scolaire. Si l'on veut, en conscience, parler à des enfants, ou bien à des jeunes gens, de questions importantes et délicates, on éprouve assez naturellement le désir d'y réfléchir un peu d'avance, la plume à la main. Quand le sujet plaît, on s'y attarde volontiers; on y met, presque malgré soi, du soin. Et c'est ainsi que des notes destinées à préparer quelques leçons, voire quelques libres causeries, en arrivent, un peu retouchées, à former en fin de compte un menu volume sans prétention, comme celui-ci.

Il ne faut pas y chercher des nouveautés très rares et très profondes. Le problème de la solidarité hante, comme on sait, la pensée des contemporains. De grands esprits l'ont discuté (1). Il serait présomptueux de prétendre faire des trouvailles dans le sol qu'ils ont défriché. Il suffira de dégager de leurs enseignements quelques principes dont la diffusion aussi large que possible aurait une utilité certaine au point de vue social. Le service de la vérité, même quand elle n'est pas neuve, a de quoi satisfaire les âmes saines (2).

(1) Par une réserve aisément explicable, on s'abstient de mettre ici des noms. Ces noms d'initiateurs sont bien connus : ils s'offriront d'eux-mêmes à la mémoire du lecteur. Rien n'empêche toutefois de signaler spécialement les conférences et discussions de l'École des hautes études sociales sur la *Philosophie de la Solidarité*. — A un point de vue purement pédagogique, il faut noter comme un heureux indice que la question de la solidarité, inscrite aux programmes de l'enseignement secondaire en 1902, a pris dès maintenant une assez large place dans les plus récents livres classiques de Morale. (Voir notamment les ouvrages de M. Pierre-F. Pécaut.)

(2) « Vulgariser, c'est en un sens « convertir », mais c'est convertir à des vérités hors de doute ; c'est une des tâches les plus capables de tenter un philanthrope : on est sûr que le vrai ne fera pas de mal quand on le répand sans l'abaisser. »

Guyau, *Irréligion de l'avenir*, IIIe partie, ch. II, § 1, p. 344.

Il y aura toujours trop d'esprits malades qui poursuivront la singularité à tout prix, jusque dans l'invraisemblance choquante des doctrines.

On doit craindre surtout, en ce qui concerne la solidarité, une confusion très courante entre le fait naturel et la règle morale. Cette erreur n'est pas moins préjudiciable à la pratique qu'à la théorie. Elle risque soit d'énerver l'effort volontaire des hommes vers le bien commun, en remettant à la nature le soin de travailler elle-même, pour eux, au développement de la fraternité ; soit de vider cette vertu capitale de son contenu positif et de l'alanguir par là même, en ne laissant plus apparaître au fond de l'obligation de s'aimer et de s'assister entre hommes les raisons effectives, pourtant si frappantes, de ce devoir. De toute façon, la cause du progrès, comme celle de la vérité, aurait à souffrir.

Il importe de reconnaître clairement, de distinguer clairement : d'une part, le fait même, physique pour ainsi dire et fatal, de la solidarité humaine ; d'autre part, les consé-

quences morales, obligatoires, donc libres
en un sens, et non simplement naturelles ou
logiques, de ce même fait. C'est à mettre en
lumière cette distinction essentielle qu'on
s'est principalement appliqué.

On a donc, au cours d'une première partie,
la plus longue, examiné le fait de la solidarité humaine, d'abord dans sa nature et son
évolution générale, ensuite dans quelques-
unes de ses principales formes particulières :
physiologique, économique, artistique, scientifique et morale. C'est là — car le dernier
terme de cette énumération ne doit pas faire
illusion, et la solidarité morale dont traite le
chapitre III du livre II est encore une solidarité effective et spontanée des esprits, — c'est
là la part du réel et de la science.

La part de l'idéal et de la morale proprement
dite ne vient que plus tard, dans les deux
derniers chapitres. On s'est efforcé d'y juger
exactement la valeur morale du fait de la solidarité. La simple constatation de ce fait n'est
rien, semble-t-il, au point de vue de l'avancement des hommes dans le bien, si elle ne
s'adresse pas à des volontés bonnes. Elle est

presque tout, au contraire, et devient une puissance merveilleusement moralisatrice, quand elle éclaire et fortifie, en la fécondant, une conscience éprise déjà de perfection, de noblesse et de justice. De telle sorte que la principale condition du progrès commun des hommes vers le mieux se trouve sans doute dans un enseignement qui, répandu partout par le soin de l'État et même des individus instruits, aurait pour objet, non pas certes de donner au bon vouloir, comme un substitut suffisant, la notion positive ou scientifique de la solidarité entre tous les hommes, mais de corroborer de plus en plus le bon vouloir et la générosité des sentiments chez tous les êtres humains par la notion à la fois précise et émue de cette solidarité générale.

L'instruction et l'éducation du peuple ainsi comprises favoriseraient opportunément le « grand œuvre » des temps modernes, moins vain mais presque aussi difficile que celui des alchimistes : l'organisation méthodique et volontaire de la solidarité naturelle selon les principes supérieurs de la raison, ou de la vérité et de la justice.

On a volontairement éliminé du corps
même de cet ouvrage, en raison de son caractère et de sa destination, les idées qui
risquaient de paraître un peu abstruses. Elles
forment la matière de notes parfois assez
longues. Si quelque lecteur en appréhendait
l'étendue ou l'aridité, il aura la facile ressource de se borner au texte.

Grenoble, 1906.

SUR LA SOLIDARITÉ

PREMIÈRE PARTIE

Le fait de la solidarité entre les hommes.

CHAPITRE I

LE FAIT GÉNÉRAL DE LA SOLIDARITÉ HUMAINE.

De nos jours, le mot de solidarité est pris en deux principales acceptions. Le plus souvent, il désigne un devoir. Cette obligation de la solidarité, dans laquelle maintenant on résume volontiers toutes les obligations de la vie sociale, est intermédiaire, pour ainsi dire, entre la justice et la charité; ou plutôt, elle synthétise en une seule ces deux grandes vertus. De la charité, la solidarité conserve un élément d'affection, de tendresse même et de flamme généreuse; de la justice, elle a la réflexion, la rationalité, la précision et la stricte nécessité morale. Mais cette acception du mot, aujourd'hui courante, en suppose une autre. Si la vertu de solidarité possède un caractère rationnel et bien défini, c'est qu'elle a, en partie du moins, pour contenu, des constatations de fait. La solidarité est donc aussi un fait. Elle est le fait dominant et caractéristique de la vie sociale, avant d'en être l'obligation maîtresse. Elle a un sens naturel, scientifique, physique, qui précède nécessairement le sens proprement moral. C'est dans ce premier sens qu'il convient de prendre le mot pour commencer. Nous étudierons donc tout d'abord le fait naturel, positif, de la solidarité humaine. Envisageant, au début, ce fait dans toute sa généralité, nous nous efforcerons d'en préciser la nature ainsi que le mode d'évolution.

Un exemple classique s'offre immédiatement : c'est celui de l'horloge. Dans un tel mécanisme, le sens commun lui-même déclare volontiers que toutes les parties sont, en fait, solidaires. Cela signifie qu'elles sont dans un rapport d'action réciproque, que l'une ne peut se déranger sans que les autres aussitôt en subissent le contre-coup, et qu'elles doivent toutes ensemble fonctionner normalement pour que l'horloge accomplisse à notre satisfaction sa besogne totale, ou marque l'heure juste.

L'horloge est, aux yeux de l'enfant, un être animé, « une bête ». Tout inconsciente qu'elle est naturellement, cette confusion révèle, à la réflexion, un sens profond : c'est chez les êtres vivants que se manifeste le plus clairement le fait de la solidarité. Considérons un organisme supérieur, tel que celui de l'homme. Il est fait de nombreux organes différents, dont chacun a sa fonction propre. Ces organes sont tellement liés entre eux qu'ils ne sauraient être séparés sans périr, et que le trouble de l'un ne manque pas d'entraîner des troubles correspondants des autres. Ces fonctions, de même, sont mutuellement unies, de telle sorte qu'elles ne pourraient s'exercer isolément, qu'elles s'appuient sans cesse les unes aux autres, chacune subissant les vicissitudes de toutes, et réciproquement ; chacune ayant besoin, pour son jeu convenable, du jeu convenable de l'ensemble. L'organisme humain apparaît ainsi comme un « complexus », ou mieux comme un concert d'éléments solidaires ; et la vie corporelle de l'individu, comme une œuvre commune qui ne peut se produire et se conserver que par un concours permanent de facteurs ou de fonctions également solidaires.

« La solidarité, a-t-on dit justement, caractérise la vie. Si l'on cherche à définir l'être vivant, on ne saurait le faire que par la solidarité des fonctions qui lie des parties distinctes ; — et la mort n'est autre chose que la rupture de ce lien entre les divers éléments qui constituent l'individu et qui, désormais désassociés, vont entrer dans des combinaisons nouvelles, dans des êtres nouveaux (1). »

Or une solidarité pareille à celle qui rattache entre eux tous les organes d'un même être animé paraît bien unir naturellement les uns aux autres tous les membres d'une même société. Platon déjà semble avoir entrevu cette vérité. On le sait, il comparait la Cité à l'âme et au corps de l'individu. L'existence matérielle suppose la coopération régulière des trois principales parties du corps : ventre, cœur et tête. De même, la vie morale individuelle ne se développe harmonieusement, selon la règle suprême du Bien, que si les trois parties correspondantes de l'âme, désirs, courage, raison, se subordonnent les unes aux autres dans cet ordre même,

(1) Gide, cité par L. Bourgeois, *Essai d'une philos. de la solid.*, p. 3.

et travaillent, d'un commun accord, à l'œuvre totale de la vertu, de la sagesse où de la justice. De même enfin, la Cité n'est juste, belle et par là même heureuse dans son ensemble, que si les trois grandes classes dont elle est formée, artisans, guerriers, philosophes, observent exactement leurs rapports de dépendance et remplissent en paix leurs fonctions respectives, sous l'autorité souveraine de l'idéal (1). La justice, vertu supérieure de la république, est une harmonie des classes sociales et des individualités dans le Bien. Cela revient à dire, en langage plus moderne, que la solidarité est la loi, à la fois naturelle et morale, des sociétés. — Personne n'ignore, au surplus, que, bien avant Platon, le consul Ménénius Agrippa mettait à profit politiquement l'idée de la solidarité des classes plébéienne et patricienne, lorsque, par son fameux apologue « des membres et de l'estomac », il ramenait à la raison la plèbe romaine et la décidait à quitter, dans l'intérêt commun, sa retraite du Mont-Sacré.

A notre époque, toute une sociologie s'est fondée sur ce principe que la société est un véritable organisme auquel peuvent être éten-

(1) Platon, *République*, 1. IV.

dues, sans restriction ni changement, toutes les lois physiologiques naturelles : c'est la sociologie naturaliste ou biologique. Pour elle, l'assimilation de la société au corps n'est plus une simple métaphore, mais l'expression propre de la réalité. Un peuple est, à la lettre, un être organisé. Il ne diffère des êtres vivants individuels, plantes ou animaux, que par un degré très supérieur de complexité. Mais, à ce qu'admettent du moins les partisans extrêmes de cette doctrine, il y a un parallélisme parfait de structure et de fonctionnement entre l'organisme individuel et l'organisme collectif. Dans la société humaine, l'individu représente exactement l'élément anatomique ou la cellule. Les diverses catégories ou classes sociales sont autant d'organes figurant, en toute vérité, les différents organes de notre corps. Ces classes se répartissent des fonctions élémentaires qui répondent, trait pour trait, à celles de la vie physiologique individuelle. Les mêmes fonctions enfin étant, de façon générale, sujettes aux mêmes dérangements ou aux mêmes troubles, la société peut avoir des maladies toutes semblables à celles qui atteignent la santé des individus. La pathologie, la médecine et l'hygiène sociales doivent se modeler fidèlement sur la pathologie, la

médecine et l'hygiène ordinaires, de même que
l'anatomie et la physiologie sociales se ramènent
à d'immenses extensions de l'anatomie et de la
physiologie communes. La vraie méthode générale en sociologie est une inférence analogique
simple qui se contente d'appliquer à la société
toutes les constatations préalablement faites sur
l'individu vivant, parce que le corps social n'est,
au fond, rien autre chose qu'un corps.

Ce n'est pas ici le lieu de discuter cette conception purement biologique et matérialiste de
la société humaine. Elle néglige beaucoup trop
cette vie psychologique et morale, qui est pourtant
le propre de l'homme. Mais la sociologie naturaliste nous fournit du moins une preuve frappante de l'importance qu'a prise dans la pensée
contemporaine cette grande idée que, entre tous
les membres de la société, il existe, en fait, une
solidarité, sinon tout à fait identique, du moins
fort semblable à celle qui règne naturellement
entre tous les éléments composants de l'organisme.
Dans la collectivité humaine la plus vaste,
comme dans l'être vivant le plus simple, les parties constituantes sont dépendantes mutuellement : chacune d'elles, dans son être et dans son
activité, est subordonnée, pour une large part,
à l'ensemble des autres ; et l'ensemble des

autres, en retour, est aussi, pour une part, subordonné à chacune d'elles ; la vie totale enfin suppose une collaboration normale et incessante des facteurs élémentaires. — Partout, qu'il s'agisse de l'ordre organique ou de l'ordre social, la solidarité de fait nous apparaît donc comme consistant essentiellement dans la réciprocité effective des parties d'un même tout, dans leur interdépendance, dans leur action mutuelle, dans leur coopération nécessaire à la besogne commune.

II

La solidarité sociale, qui nous intéresse particulièrement ici, ne s'est pas manifestée de prime abord dans toute son étendue. Mais les liens d'interdépendance et de coopération ont groupé en une collectivité unique des hommes de plus en plus nombreux, à mesure que la civilisation faisait de nouveaux progrès.

A l'origine, la solidarité rattachait les uns aux autres quelques individus seulement, ceux qui composaient soit la famille, soit la horde, selon que l'on place dans l'un ou l'autre de ces groupements rudimentaires le point de départ de l'évolution sociale. Familles et hordes ou tribus restaient, au surplus, isolées et indépendantes, ou peu s'en faut, les unes des autres. Elles n'avaient guère entre elles qu'un commerce de concurrence et de lutte. Leurs rapports mutuels revêtaient à peu près exclusivement la forme de l'hostilité.

Ces premières organisations sociales, de faible étendue, produisirent, en se fondant les unes avec les autres, des organisations déjà plus vastes. Telle fut la Cité antique. Elle comprenait, non plus seulement quelques unités humaines, mais quelques milliers d'hommes. Tous ces individus étaient liés entre eux, avaient besoin les uns des autres, et coopéraient ensemble à une même œuvre, la vie de la Cité. Mais la solidarité ne dépassait pas encore les bornes, assez restreintes, de celle-ci. Au delà commençait un monde mal connu, dont la Cité se désintéressait presque complètement, à moins qu'elle n'entrât en guerre contre lui : c'était le monde des Barbares ou des étrangers.

Brûlons les étapes. Par un nouveau progrès en extension, qui demanda des siècles et ne se réalisa qu'au terme de nombreux stades successifs, la solidarité en vint à englober tous les hommes d'une même nation. Les individus directement solidaires les uns des autres se chiffrèrent alors, non plus par milliers, mais par millions. Les nations, au demeurant, gardaient, pour commencer, les unes à l'égard des autres, une attitude d'indifférence, sinon d'antagonisme. Quand elles ne se livraient pas au jeu terrible de la déprédation en masse ou de la conquête violente, du moins elles se renfermaient jalousement en elles-mêmes : chacune prétendait se suffire avec ses propres ressources, et de fait se suffisait à peu près ; chacune vivait à part sa vie sur une étendue limitée de territoire. Solidarité nationale, indifférence et plutôt encore animosité internationale, telles furent les deux faces, l'une pacifique, au dedans, l'autre guerrière, au dehors, de cette civilisation encore ambiguë et imparfaite.

Puis, les moyens de communication devenant plus nombreux, plus faciles et plus prompts, entre nations différentes, les échanges entre elles et, de façon générale, les rapports se firent aussi plus fréquents ; les diverses nations se partagèrent le travail de la vie commune ; des relations croissantes d'interdépendance et de solidarité les unirent les unes aux autres. La France, par exemple, tire aujourd'hui de l'Amérique, des Indes, de l'Australie, de l'Extrême-Orient et des pays les plus lointains, une grande partie des objets nécessaires à la satisfaction de ses besoins matériels ; son bien-être est donc subordonné à celui de tous les autres peuples, et réciproquement. De même, toutes les nations civilisées coopèrent en fait, maintenant, au développement de l'industrie, de l'art et de la science. Les peuples, se connaissant mieux, s'aperçoivent qu'ils sont, en réalité, des collaborateurs plutôt encore que des rivaux ou des ennemis. Chaque homme, à notre époque, dépend effectivement de tous les autres hommes, et, jusqu'à un certain point, la réciproque est vraie. Notre siècle de chemins de fer, de navigation à vapeur et d'électricité, a vu le cercle de la solidarité s'élargir démesurément. Aux associations nationales tend, sinon à se substituer, du moins à se superposer, une véritable association « mondiale ». Nous commençons enfin à connaître une solidarité proprement et largement humaine, en ce sens qu'elle groupe, comme en un seul corps, toute l'humanité.

La solidarité sociale croît progressivement en étendue : c'est une première loi de son évolution. Chose curieuse, à mesure qu'elle gagnait en largeur, la solidarité humaine gagnait aussi en étroitesse. Plus grand était le nombre des individus rattachés les uns aux autres par des nœuds d'interdépendance et de coopération, plus serrés étaient ces nœuds. Dans la horde ou dans la tribu primitive, les liens de solidarité entre hommes étaient encore assez lâches. Le groupe étant peu nombreux, la besogne totale de la vie n'y était guère divisée ; chaque membre du groupe savait, à peu de chose près, s'acquitter de la totalité de cette besogne ; l'individu accidentellement séparé de la petite société homogène où il était accoutumé de vivre, pouvait donc, à la rigueur, satisfaire sans trop de peine à tous ses besoins. Mais dans nos sociétés actuelles, la division du travail commun a été poussée très loin ; l'hétérogénéité entre les divers éléments sociaux est devenue extrême ; du même coup, les individus ont beaucoup plus besoin les uns des autres ; il est incomparablement plus difficile à chacun d'eux de se conserver et de se développer sans l'aide effective de tous les autres. Les sauvages sont, parmi nous, comme des primitifs attardés. Or un sauvage saurait, à l'occasion, même livré à ses propres forces, se construire une hutte, se creuser dans un tronc d'arbre un canot, se faire d'une pierre coupante une hache, d'une épine recourbée, un hameçon ; puis se procurer par la chasse ou la pêche de la nourriture, et la rendre plus agréable et plus assimilable par la cuisson : ce sont autant de besognes qui, dans les peuplades les plus grossières surtout, sont à peu près familières à tout le monde. Mais qu'on songe, au contraire, à l'embarras mortel d'un civilisé, principalement d'un civilisé appartenant aux classes supérieures de la société, le jour où, tout à coup, il n'aurait plus personne pour lui fournir du blé, pour moudre ce grain en farine et en faire du pain ; ou bien pour lui tisser, lui tailler et lui coudre des vêtements ; ou bien enfin pour lui construire un abri et une maison ; bref, pour accomplir en sa place toutes ces besognes vitales dont la civilisation lui a permis de se décharger sur d'autres, et dont il n'a, la plupart du temps, aucune idée. Maintenant, le mot connu du poète s'applique dans toute sa force :

« Nul ne peut se vanter de se passer des hommes (1). »

La solidarité humaine devient plus stricte et plus impérieuse à mesure qu'elle devient plus vaste. C'est une deuxième loi de son évolution générale.

La troisième loi est enfin celle qui veut que la solidarité augmente graduellement en richesse et en complexité.

(1) Sully-Prudhomme, *Un songe*.

D'une part, les liens de solidarité s'entre-croissent en nombre chaque jour plus grand dans l'individu, parce que l'individu fait partie simultanément de sociétés chaque jour plus nombreuses. « Il est rare, a dit un sociologue contemporain, qu'un individu ne ressortisse qu'à une société. Peut-être trouverait-on, en remontant jusqu'au Déluge, un membre de tribu qui ne serait que membre de sa tribu, sans plus ; mais le progrès de la civilisation multiplie les groupes dont les individus dépendent ; et il semble que, plus on est civilisé, plus on compte de ces dépendances. De combien de sociétés un homme du monde ne fait-il pas partie, depuis l'Église dont il est un fidèle, jusqu'à la société d'émulation dont il est le secrétaire, depuis la famille dont il est le père, jusqu'à l'armée dont il est un soldat (1) ? »

D'autre part, si l'on envisage la solidarité du point de vue de la compréhension plutôt que de l'extension, il n'est pas malaisé de se rendre compte qu'elle prend, avec le temps, des aspects plus variés. Si le primitif dépend des autres membres de sa tribu, c'est dans sa vie matérielle surtout, et pour cette bonne raison que la vie

(1) Bouglé, *Revue de Paris*. Qu'est-ce que la sociologie ? 1897.

spirituelle est encore chez lui très sommaire. Mais, par le progrès même de la civilisation, la vie de l'esprit se développe, se complète et se perfectionne. Elle acquiert, dans l'ensemble de la vie humaine, une importance croissante. De nouveaux rapports d'interdépendance, particulièrement subtils et raffinés, s'établissent donc peu à peu entre les hommes, du côté moral. Aujourd'hui, chacun de nous dépend étroitement de tous ses semblables, par la pensée, aux formes si abondantes et si délicates, non moins que par le corps, dont l'existence est plus simple et plus grossière. Il n'est pas un des biens, physiques ou moraux, dont nous disposons, qui ne soit une acquisition ou un bienfait en grande partie attribuable à l'humanité tout entière.

Le bien essentiel du corps, c'est la santé ; mais notre santé, en fait, n'est pas uniquement en notre pouvoir ; les autres hommes y contribuent. Un autre bien corporel de grande valeur, c'est la richesse, au sens large de ce mot ; or, la richesse n'est pas le fruit de nos seuls efforts individuels, mais du travail des hommes en général. — Quant aux biens de l'esprit, les plus précieux peuvent se ramener à trois : la vérité, la beauté, la vertu. Mais la science ou la découverte et la conquête de la vérité ne saurait être l'œuvre d'un seul homme, tous les hommes y collaborent nécessairement. L'art, ou la production de la beauté, suppose de même la coopération des générations et des individualités humaines. La vertu enfin est elle-même, en un sens, une œuvre collective: si nous nous sommes élevés à un certain degré de moralité, ce n'est jamais par la puissance exclusive de notre énergie personnelle ; nous avons, pour nous rapprocher de la perfection idéale, bénéficié largement de l'aide, obscure peut-être, mais effective, de nos semblables. — Nous sommes, en fait, subordonnés à ceux-ci dans notre vie mentale comme dans notre vie physique, dans notre existence organique et dans la satisfaction de nos besoins, comme dans notre savoir, notre goût et notre honnêteté. A leur tour, nos semblables dépendent, si peu que ce soit, de nous-mêmes à ces divers points de vue. Ainsi la solidarité humaine s'est enrichie dans son contenu en même temps qu'elle s'accroissait en étendue et en étroitesse.

Elle comprend, à cette heure, des formes très diverses, très multiples, et à vrai dire innombrables. Parmi les plus fondamentales et les plus caractéristiques, on peut distinguer la solidarité physiologique, la solidarité économique, la solidarité scientifique, la solidarité artistique et la solidarité morale. C'est à ces principaux aspects particuliers du fait général de la solidarité humaine que notre étude doit maintenant s'attacher.

LIVRE I

LE FAIT DE LA SOLIDARITÉ MATÉRIELLE
ENTRE LES HOMMES

CHAPITRE I

LA SOLIDARITÉ PHYSIOLOGIQUE.

Notre vie corporelle et notre santé ne dépendent pas seulement de nous, mais encore de nos semblables. C'est une vérité dont se doutent un peu même les plus ignorants d'entre nous. Mais elle reste, dans trop d'esprits, vague et superficielle. Il importe de la préciser et de s'en pénétrer profondément. Il nous suffira pour cela de réfléchir un instant sur des faits bien connus et à la portée de toutes les intelligences : l'hérédité, la contagion des maladies, le rapport entre la vie organique individuelle et les conditions générales d'existence.

I

L'hérédité, en premier lieu, nous subordonne corporellement à nos pères et à notre race. On

constate, en effet, dans l'ensemble du règne
animal, une tendance marquée des descendants
à reproduire les divers traits ou caractères particuliers de leurs ascendants. C'est cette loi naturelle que les éleveurs, comme on sait, mettent à
profit pour créer, à la longue, par une judicieuse
sélection, des variétés offrant à un haut degré
quelque particularité de structure utile à
l'homme. On peut obtenir de la sorte des moutons à la laine remarquablement longue, abondante et soyeuse ; des chevaux aux aptitudes
spéciales pour la course ; des pigeons voyageurs
à l'instinct d'orientation exceptionnellement sûr,
comme au vol exceptionnellement rapide.

Cette même loi d'hérédité, qui domine tout le
règne des êtres vivants, ne manque pas de s'imposer aux hommes. La sagesse commune se rend
compte de ce fait et l'exprime à sa manière,
quand elle dit : « tel père, tel fils ». Il est aussi
de tradition parmi le vulgaire de chercher dans
les traits même du tout jeune enfant l'image de
ceux des parents. Ces ressemblances, la plupart
du temps, attestent chez ceux qui les découvrent
plus de bienveillance ou d'imagination que de
perspicacité. Pourtant, l'organisme de l'enfant
tend réellement à se modeler sur l'organisme
paternel ou maternel. Certes, cette tendance

n'aboutit pas inévitablement à l'effet. Il ne suffit pas que le père soit infirme ou difforme pour que le fils, à coup sûr, le soit aussi. L'hérédité, chez l'homme comme chez l'animal, est loin d'être une règle absolue : elle souffre de nombreuses exceptions. Mais il faut reconnaître néanmoins qu'en principe les générations humaines s'imitent, pour ainsi dire, les unes les autres dans leur constitution corporelle, et que les caractères organiques des ancêtres et des parents se transmettent assez communément aux enfants.

Cette transmission est d'autant plus certaine qu'elle porte sur des caractères plus profondément empreints dans l'organisme des ascendants. Un vice congénital de structure, une malformation originelle du cœur ou des poumons, par exemple, se communiquera bien plus sûrement par hérédité qu'une lésion acquise ou accidentelle de ces mêmes organes. Toutefois il convient, ici comme ailleurs, de ne pas exagérer la distinction entre les caractères acquis et les caractères innés. On ne doit pas perdre de vue la plasticité profonde de l'être vivant. Sa constitution est sans doute déterminée, dès l'abord, par les conditions de la naissance, mais elle reste soumise à la loi du devenir et du changement. Elle peut subir des modifications très intimes à la suite d'accidents graves et surtout d'actions très souvent accomplies ou supportées. Tout le monde connaît les effets de l'habitude, et en particulier de l'habitude physiologique. Quand un changement s'est maintes fois produit dans un certain organe, de passager et superficiel qu'il était au début, il devient de plus en plus permanent et profond. Il peut atteindre finalement jusqu'aux plus secrètes intimités du corps et de la structure, si bien qu'il ne diffère plus guère, par essence, des caractères constitutionnels primitifs. Ces dispositions habituelles des organes doivent tendre à reparaître chez les descendants aussi bien que les particularités innées. Tout au plus la tendance sera-t-elle, d'ordinaire, moins forte dans le premier cas que dans le second. Il n'en est pas moins vrai que notre organisme propre dépend, par l'hérédité, non pas seulement de la constitution originelle de ces autres organismes auxquels le rattache la naissance, mais encore des changements plus ou moins profonds qu'ils ont subis au cours de leur évolution individuelle, c'est-à-dire, en fin de compte, de la vie même qu'ont menée nos ancêtres et nos parents.

Pour reconnaître toute l'importance de cette loi, il est à propos de se remémorer l'étroite liaison de la vie psychologique avec la vie corporelle. Le bon fonctionnement de l'esprit suppose le bon fonctionnement du corps, et en particulier du cerveau. L'enfant qui hérite de ses parents quelque vice organique et surtout cérébral, presque toujours souffrira par là-même d'une tare mentale correspondante. Ce n'est donc pas seulement notre vie matérielle, c'est encore notre vie spirituelle, bref c'est notre vie tout entière qui se trouve engagée dans cette question de la solidarité physiologique par hérédité. Rien n'est plus tristement instructif, à cet égard, que les constatations souvent faites sur la descendance des alcooliques (1). Ici la solidarité héréditaire des corps et, par leur moyen, des esprits apparaît dans un relief saisissant. Les excès d'alcool et même l'usage modéré mais trop assidu des boissons alcooliques entraînent de graves désordres dans les fonctions cérébrales. Obscurci tout d'abord, comme on dit, par les fumées de l'alcool, le cerveau de l'alcoolique, à la longue, se détraque complètement. La congestion ordinaire des

(1) Voir, sur cette grave et actuelle question de l'alcoolisme envisagée du point de vue social, des considérations intéressantes dans les *Essais socialistes* de E. Vandervelde, p. 27 à 103.

centres nerveux supérieurs, les hémorragies et
les divers accidents qui s'ensuivent y produisent
de profondes lésions. Ces lésions, sous une
forme ou sous une autre, passent par hérédité
aux enfants de ces malheureux; et, comme le
cerveau, chez nous, tient sous sa haute direction
la vie tout entière, il en résulte que la vie de
ces pauvres enfants ne peut prendre un développement normal. Ou bien ils meurent en bas
âge, ou bien ils sont atteints d'infirmités qui
intéressent l'esprit non moins gravement que le
corps. Le rachitisme, l'épilepsie, la tuberculose,
la surdité, la surdi-mutité, l'idiotie, les impul-
sions criminelles, la folie précoce, tel est habituellement le lot des dégénérés fils d'alcooliques.
M. Fouillée a cité cette constatation faite par
un médecin de Berne : un groupe de 10 familles
sobres donne 61 enfants, dont 50 sont normaux
et 6 seulement en retard ou très nerveux ; un
groupe de 10 familles de buveurs donne 57 enfants, parmi lesquels 9 seulement sont normaux,
tandis que tous les autres ou bien meurent dans
le premier âge, ou bien sont idiots, dégénérés
moralement, ivrognes par hérédité, épileptiques,
sourds-muets, bossus, nains (1), etc...

(1) Fouillée, *Psychologie du peuple français*, l. IV,
ch. III, p. 360-361.

Ce ne sont pas seulement les excès de boisson qui produisent ces effets désastreux, ce sont encore tous les excès quels qu'ils soient (1). Ils ont pour commun résultat d'entraîner des perturbations graves dans le fonctionnement des organes corporels, et en particulier du système nerveux. Ils ruinent peu à peu le corps, affaiblissent graduellement sa force de résistance aux maladies et sa vitalité. On peut discuter sans doute la forme de l'hérédité ; on peut se demander si l'enfant reçoit de ses parents, à la naissance, le germe même des maladies qu'ils ont encourues, ou simplement un état général de l'organisme particulièrement propice à l'invasion de ces maux. Les uns, parmi les médecins, tiennent pour « l'hérédité de graine », les autres, plus nombreux aujourd'hui, semble-t-il, pour « l'hérédité de terrain ». Il est une chose certaine, du moins, c'est que, d'une façon ou de

(1) Fouillée, etc., p. 366-7.

« Comme l'ivrognerie, la débauche a un contre-coup fatal et produit la déséquilibration rapide d'un peuple... Les passions... transforment héréditairement les poumons, le cœur et le cerveau... Toute émotion s'accompagne de mouvements plus ou moins désordonnés dans les viscères, dans la circulation sanguine, et surtout dans ce qu'on pourrait appeler la circulation nerveuse. De là une plus ou moins grande déséquilibration physique, en même temps que psychique, avec abaissement consécutif de l'énergie vitale et volontaire. »

l'autre, l'hérédité nous rend solidaires physiologiquement et par suite aussi mentalement, et de la constitution naturelle de ceux dont nous sommes nés, et de leurs habitudes, saines ou malsaines. Par l'intermédiaire de nos parents, nous dépendons, sous ce double rapport, de nos ancêtres, de toutes les générations antérieures de même sang, bref, de la race tout entière.

II

La loi de l'hérédité nous rattache, dans notre vie corporelle, à l'humanité passée. La loi de la contagion met notre santé sous la dépendance des hommes qui nous entourent et de toute l'humanité présente.

La médecine a découvert, de nos jours, le mécanisme de la propagation de nombreuses maladies, comme la fièvre typhoïde, le choléra, la peste ou la tuberculose. Ce mécanisme consiste, de façon générale, dans l'action d'êtres microscopiques ou « microbes » qui pullulent dans l'organisme malade, puis pénètrent dans d'autres organismes, et ne tardent pas à y produire des troubles du même genre. Ces germes pathogènes disposent de moyens variés de transport. Tantôt, c'est l'eau qui leur sert de véhicule, comme dans la fièvre typhoïde ; tantôt, c'est l'air qui les charrie jusqu'au fond des poumons, comme dans la tuberculose. On a reconnu récemment que les rats sont des agents très actifs de la propagation de la peste ; et plus récemment encore, que les mouches jouent un grand rôle dans la transmission du choléra (1). Mais, de quelque manière que les microbes arrivent jusqu'à nous, il n'est pas toujours en notre pouvoir de les éviter. Ou bien nous ne soupçonnons pas même le danger ; ou bien nous n'avons pas les moyens d'y échapper. Nous pouvons, par exemple, faire bouillir notre eau avant de la boire, mais comment stériliser l'air que nous respirons, ou même empêcher sûrement les mouches de se poser sur nos aliments et d'y introduire de la sorte les germes de maladies qu'elles transportent avec elles ? Ces germes, sans aucun doute, ne produiront pas toujours dans notre organisme leurs ravages ordinaires. Encore faut-il qu'ils trouvent chez nous un terrain favorable à leur multiplication. La contagion suppose une condition double : d'une part, l'introduction des microbes dans le corps ; d'autre part, la « réceptivité » de celui-ci, qui

(1) Chantemesse et Borel, *Mouches et choléra* (1905).

se livre comme sans résistance aux actions des-
tructrices. De ces deux conditions, la seconde
est encore la principale et la plus décisive. Il n'empêche que si, près de nous, des hommes sont
malades, nous sommes tout au moins exposés,
par la diffusion secrète des germes morbides, à
contracter les mêmes maladies.

Même il n'est pas indispensable, pour que la
contagion s'opère, que les individus atteints
soient dans notre voisinage. Les microorga-
nismes sont doués, pour la plupart, d'une vitalité singulière. Ils font, sans périr et sans rien
perdre de leur virulence, de très longs voyages.
Voici quelques-uns des faits qui peuvent, en
conséquence, se passer. Une ville populeuse va
recueillir à de grandes distances et, comme de
juste, à grands frais, des eaux qu'elle croit très
pures. Mais les sources qu'elle a captées sont en
communication souterraine avec les eaux ménagères d'un village voisin. Un habitant de ce
village est-il frappé par la fièvre typhoïde ? les
sources sont bientôt polluées ; les germes suivent les canalisations, puis, à des lieues de là,
répandent la maladie dans la ville que ces
sources alimentent d'eau soi-disant potable.
C'est ainsi que les épidémies de fièvre typhoïde
qui ont récemment sévi dans Paris y auraient

été amenées de l'Yonne, par les aqueducs que la capitale a payés de ses millions. — Ou bien encore, un navire débarque à Marseille ou au Havre des balles de chiffons malpropres en provenance des Indes ou de l'Amérique. Ces ballots n'ont subi aucune opération propre à les désinfecter. Des microbes y sont restés tapis, et, du même coup, débarquent en France la variole noire, la fièvre jaune, le choléra ou même la peste. — Ou bien enfin des émigrants nous viennent de Syrie. Ils entrent dans notre pays librement, y circulent à l'aise, sans être soumis à la moindre mesure d'isolement et de désinfection ; et si, comme il arrive à maintes reprises et comme il arrivera bien plus souvent encore après l'achèvement du chemin de fer de Beyrouth à la Mecque, ces émigrants ont été en contact, dans leur pays d'origine, avec quelques-uns de ces pèlerins musulmans qui sont comme les missionnaires du choléra, ils peuvent apporter avec eux, dans leurs bagages, dans leurs effets, dans leurs corps même, puis semer parmi nous les germes de ce mal dont ils n'ont pas personnellement souffert. — Notre santé n'est donc pas seulement soumise à des influences étrangères prochaines, mais à d'autres fort éloignées. Avec la facilité actuelle des communications, le mal qui nous terrasse peut venir quelquefois de l'autre bout du monde. Parmi toutes les maladies qui éclatent à la surface de la terre, il n'en est pas une, pourrait-on dire à la rigueur, qui, par la contagion, ne soit une menace indirecte pour notre propre vie.

Ce fait capital de la contagion est si positif et dès maintenant si bien étudié qu'il donne déjà lieu à des prévisions scientifiques. De savants médecins ont pu prédire, à notre époque, l'itinéraire d'invasion de telle maladie contagieuse. Dans cet ordre d'idées, l'exemple le plus remarquable est assurément celui que nous fournissait naguère M. Chantemesse (1). Partant de ce principe que le choléra semble voyager de préférence par les voies fluviales, l'inspecteur général de nos services sanitaires avait tracé d'avance, avec une exactitude et une sûreté admirables, le chemin que suivrait sans doute dans sa marche progressive vers la France l'épidémie alors cantonnée dans la région d'Astrakan. L'Europe, disait-il, est mena-

____

(1) *Bulletin de l'Académie de Médecine*, séance du 4 juillet 1905. Communication de M. Chantemesse sur *la Marche du choléra en 1904 et sa menace d'invasion européenne.*

cée d'une invasion cholérique. Après avoir hiverné en Russie, dans le bassin inférieur du Volga, il faut craindre notamment que le choléra ne remonte le fleuve et, par Moscou et Saint-Pétersbourg, ne gagne les ports de la Baltique et l'Allemagne. De fait, la maladie, au début de 1905, sévissait sur les bords du Volga et du Dniéper. Elle atteignit ensuite Moscou et même Tver, puis, à l'Ouest, Vilna. Elle paraissait, le 15 août, à Kuhlm, et le 25, à Bromberg, deux villes arrosées par la Vistule allemande. Elle touchait un peu plus tard Dantzig et Stettin, sur la Baltique. Enfin, suivant sensiblement l'itinéraire prévu, par la Netze et la Sprée elle arrivait à Berlin le 22 septembre (1). Elle aurait, très

(1) *Bulletin de l'Académie de Médecine*, séance du 9 janvier 1906. Communication de MM. Chantemesse et Borel sur *la Récente épidémie de choléra en Allemagne et ses enseignements*.

La propagation simultanée du choléra sur les bords du Dniéper et du Volga s'expliquerait par le voisinage de ces deux fleuves à leurs sources. L'importation du mal en Allemagne serait le fait de la batellerie qui, pendant l'été, par le Dniéper, le canal du Dniéper au Bug, le Bug et enfin la Vistule, transporte jusqu'à Dantzig les bois de la Volhynie. Pour envahir ensuite les bassins de l'Oder et de l'Elbe, l'épidémie aurait emprunté la voie des canaux transversaux qui mettent en communication ces divers fleuves : elle aurait gagné la Netze, puis l'Oder, par le canal de Bromberg, et serait entrée finalement dans la vallée de l'Elbe par le canal de l'Oder à la Sprée. —

probablement, poussé plus loin encore, si le gouvernement allemand n'avait, par des mesures énergiques, coupé court à la propagation du fléau. Traqué, pour ainsi dire, de toutes parts, le mal n'a fait que deux pointes rapides, l'une vers Hambourg et la mer du Nord (23 août 1905), l'autre vers Strasbourg et le Rhin (14 octobre 1905) (1). Il a, durant tout l'hiver,

MM. Chantemesse et Borel observent que, par bonheur, le système des voies navigables qui s'étend de la Vistule à l'Elbe est indépendant de celui qui se rattache à la navigation belge et française, et qui comprend la Weser, le Rhin, la Meuse, la Moselle et le Mein. C'est, assurément, l'une des circonstances qui ont permis d'arrêter le fléau dans sa marche d'invasion vers l'Ouest et la France. Mais nous ne devons pas perdre de vue que le Mein communique avec le Danube par un canal, et que MM. Chantemesse et Borel signalaient aussi la voie du Danube comme une de celles où le choléra pourrait bien, un jour ou l'autre, s'engager.

(1) Dans ces deux cas, la maladie avait été apportée par des individus venant des régions contaminées ; elle n'avait point voyagé par eau. M. Chantemesse distingue, à ce propos, trois modes d'extension de l'épidémie : la *propagation* qui, par exemple, la fait cheminer de ville en ville, avec les bateaux, les radeaux ou les trains de bois, le long des canaux, des rivières et des fleuves ; la *dissémination* qui la répand autour d'un foyer donné, de maison à maison, d'individu à individu ; enfin le *transport* par individus sains en apparence, mais en état de « microbisme latent » ou d'incubation cholérique récente. Ce dernier mode d'extension, en raison de la multiplicité et de la promptitude des moyens de communication à notre époque, peut aboutir à des bonds soudains et assez capri-

sommeillé en Allemagne ; mais il peut s'y réveiller ; et nous restons encore sous la menace d'une épidémie, au cas où nous ne saurions pas monter, au bord surtout des canaux ou des fleuves du Nord et de l'Est, une assez bonne garde pour fermer à l'ennemi tout passage.

III

On le voit par cet exemple, notre sécurité personnelle, sous le rapport de la santé, est faite pour une bonne part des mesures gouvernementales prises soit dans notre pays, soit même à l'étranger. En termes plus généraux, notre vie organique dépend des conditions de milieu. C'est une influence dont on comprend mieux chaque jour la haute valeur et à laquelle la science d'à présent attache à juste titre une importance prépondérante.

L'une des maladies dont on se préoccupe le plus, à notre époque, parce qu'elle est peut-être de toutes la plus meurtrière, c'est la tubercu-

cieux de la maladie, si l'attention sévère et constante des services hygiéniques ne vient y mettre bon ordre. Il est clair, au surplus, que chacune de ces formes de la contagion appelle des mesures sanitaires spéciales.

Voir aussi : *Bulletin de l'Ac. de Médecine*, séance du 17 octobre 1905. Communication de MM. Chantemesse et Borel : *Mouches et choléra.*

lose. Or, si l'on veut s'expliquer exactement ses ravages, en vue d'y apporter des remèdes efficaces, il ne suffit pas de faire entrer en ligne de compte l'hérédité et la contagion. Sans être négligeables, à coup sûr, ces causes, au jugement du Dr Huchard (1), seraient encore secondaires. Les plus importantes seraient d'ordre économique ou social. Si le mal décime impitoyablement les familles ouvrières entassées dans certains quartiers de nos grandes villes, la raison en est, non pas tant peut-être dans les tares de l'ascendance ou dans la contamination fatale, que dans les déplorables conditions matérielles où vivent, au même titre, tous les membres de ces familles. L'encombrement des logis trop étroits et malsains, le manque d'air, la privation de lumière, l'insuffisance de la nourriture, tels sont les plus terribles agents de diffusion et d'aggravation de la maladie. C'est à eux qu'il conviendrait de s'attaquer tout d'abord. La meilleure tactique pour arrêter les progrès de l'ennemi ou même le refouler serait, non de refuser aux pauvres tuberculeux toutes les joies de la famille, de les mettre pour ainsi dire au ban

(1) *Bulletin de l'Académie de Médecine*, séance du 27 mars 1906 : Discussion sur la statistique et la prophylaxie de la tuberculose.

de la société, et de les condamner, comme d'aucuns ont voulu faire, semble-t-il, à cette vie d'isolement et de désespoir que menaient autrefois
les lépreux, mais de soulager autant que possible toutes les misères, d'assainir les habitations du peuple, d'améliorer son alimentation.
La pauvreté est, en effet, plus encore que l'alcoolisme, « l'engrais de la tuberculose ». C'est
elle qui, par les privations et l'affaiblissement
qu'elle entraîne, crée surtout dans l'organisme
cette funeste réceptivité aux influences pathogènes sans laquelle, on l'a vu tout à l'heure, la
contagion elle-même resterait lettre morte.

Outre ces auxiliaires économiques, la tuberculose en trouve d'autres dans l'ordre professionnel : les statistiques l'ont démontré.
Certains métiers, à cet égard, sont funestement
privilégiés (1). Tels sont ceux qui exposent l'ar-
tisan à respirer continuellement des poussières
dures et coupantes dont les fines arêtes déchirent

(1) On a récemment signalé, dans le nombre, le métier
des blanchisseurs et blanchisseuses. Ces artisans vivent,
par nécessité professionnelle, dans des conditions hygiéniques très défavorables : ils respirent un air chargé de
poussières bacillifères. Aussi la proportion des décès par
tuberculose atteint-elle, chez eux, 78 pour 100.

(Dr Landouzy : *la Tuberculose des blanchisseurs et
blanchisseuses*, étude présentée au congrès international
de la tuberculose de Paris, octobre 1905.)

les tissus des poumons, ou bien encore à subir sans cesse, au cours d'un travail épuisant, de terribles variations de température. Les tailleurs de diamants et les souffleurs de verre fournissent au monstre de la tuberculose un énorme contingent proportionnel de victimes. Au surplus, est-il bien nécessaire aujourd'hui d'insister sur ce point, que la santé de l'individu est directement soumise aux conditions de métier ? De grands débats publics qui n'ont pas encore pris fin ont tourné l'attention générale de ce côté. Qui n'a présente à l'esprit la croisade généreuse de ces dernières années contre les professions insalubres ? Qui ne se souvient de la campagne menée contre la fabrication du phosphore, père de la nécrose ? Qui ne voit encore par l'imagination ces silhouettes de suppliciés qui remplirent pendant un temps nos publications périodiques ou même nos journaux, au cours de l'enquête scientifique et parlementaire sur les méfaits du blanc de céruse ? Faut-il enfin, quelques mois à peine après le désastre de Courrières et presque au lendemain de celui de Reden, rappeler d'un mot tout ce que le labeur ingrat de nos ouvriers houilleurs comporte de fatigues harassantes et d'épouvantables risques ?

La vie corporelle de l'individu est, en dernier lieu, subordonnée à l'état général de la société. De ce côté, nous pouvons faire sur notre époque des constatations consolantes en somme. Au Moyen-Age, par exemple, les conditions matérielles et morales de l'existence étaient, en France, beaucoup moins favorables qu'aujourd'hui : les demeures, même dans les classes riches, étaient moins salubres ; la nourriture, moins saine et moins abondante ; les vêtements, moins confortables ; les soins, en cas de maladie, moins savants et moins judicieux ; l'hygiène, moins instruite et moins respectée. Aussi la moyenne de vie était-elle, pour le Français d'alors, sensiblement inférieure à ce qu'elle est de nos jours. — Maintenant, l'industrie a fait de grands progrès. Elle procure à notre vie matérielle maintes commodités, maintes sécurités ignorées de nos ancêtres. Nos besoins sont mieux satisfaits que ne l'étaient les leurs. Nous échappons à bien des dangers contre lesquels ils étaient impuissants à se garder. La médecine découvre sans cesse de nouveaux moyens de guérir et même de prévenir les maladies. Elle multiplie les remèdes curatifs ou préventifs. L'hygiène, de son côté, se développe rapidement. Elle nous enseigne de

mieux en mieux à conserver et à entretenir
notre propre santé ; en même temps, elle inspire
aux pouvoirs publics des mesures sanitaires de
plus en plus variées, de plus en plus complètes,
de plus en plus efficaces. On installe, dans les
villes, des étuves où sont désinfectés gratuitement tous les objets qui ont servi aux personnes atteintes de maladies contagieuses. Des
règlements sévères sont édictés qui empêchent
ces maladies de se cacher et de se propager
librement dans l'ombre ; les convalescents ne
peuvent reprendre leurs places dans nos établissements publics d'instruction, par exemple,
qu'après que les risques de contamination ont
complètement disparu ; des postes et des
cordons sanitaires gardent, en cas de danger,
nos frontières terrestres ; des quarantaines sont
imposées, dans nos principaux ports, aux
navires en provenance des régions infectées.
Certes, il ne faudrait pas, à cet égard, se leurrer
d'un optimisme dangereux. Tout n'est pas encore
fait ; il reste même beaucoup à faire pour la
sauvegarde de la santé publique. M. Chantemesse, à l'occasion de la récente épidémie de
choléra, pouvait, il y a quelque temps, signaler
à l'Académie de médecine d'étranges anomalies
et de funestes lacunes de notre organisation

sanitaire (1). Pourtant, les conditions générales de l'existence matérielle se sont, dès maintenant, assez ameliorées dans notre pays pour que nous puissions vivre, en moyenne, plusieurs années de plus que nos compatriotes d'il y a quelques siècles.

(1) *Bulletin de l'Académie de Médecine*, séance du 6 février 1906. Communication de MM. Chantemesse et Borel sur *l'Emigration et la santé publique*. Voir aussi : séances du 13 février 1906 et du 24 juillet 1906.

La France est le seul pays dont le règlement sur l'émigration remonte à 1861-1862. Ce règlement est à tel point suranné que, si l'on prenait à la lettre sa définition même de l'émigrant, elle ne s'appliquerait plus à aucun des passagers qui font, sur nos paquebots, la traversée de France en Amérique. Notre négligence en ces matières s'aggrave du fait même des mesures prudentes prises par les autres nations. A ce sujet, M. Chantemesse, entre autres faits curieux, signale le suivant :

Après avoir subi, au Frioul, la visite médicale et quelques mesures insuffisantes de désinfection, les émigrants venus d'Orient à Marseille peuvent traverser librement la France. Beaucoup d'entre eux se rendent au Havre, avec l'intention de passer en Amérique. Mais, dans ce port, le consul des Etats-Unis oblige les Compagnies de navigation à garder pendant cinq jours au moins les émigrants en provenance de pays où sévit le choléra. Et, comme il n'y a pas au Havre le moindre local d'isolement, il en résulte que les individus jugés suspects sanitairement par les Américains circulent pendant près d'une semaine au travers de la ville, risquant d'y semer la contagion, au cas où ils seraient véritablement infectés. Ainsi, nous sauvegardons avec beaucoup de soin la santé publique des États-Unis, mais nous semblons, en revanche, avoir le plus complet dédain de la nôtre.

Notre santé individuelle dépend, on le voit, des conditions économiques, professionnelles et sociales dans lesquelles nous vivons. Mais ces conditions, il est clair que nous ne les faisons pas nous-mêmes. Nous les subissons, pour une grande part, comme des nécessités ou des fatalités, dont le principe se trouve en dehors de nous, dans la nature et dans les autres hommes. Nous sommes donc corporellement solidaires de nos semblables (1), non pas seulement parce que notre organisme est nécessairement soumis à

(1) Notons simplement, faute de pouvoir ici développer ce point, que la thèse de la solidarité physiologique a pris, de nos jours, une forme beaucoup plus radicale que celles dont il vient d'être question. Certains métaphysiciens regardent, en effet, la vie corporelle comme étant en elle-même ou par essence un fait d'association, partant de solidarité C'est, par exemple, l'hypothèse « bio-sociale » soutenue par M. Izoulet dans son livre sur *la Cité moderne*. Non seulement l'organisme, et surtout l'organisme supérieur, aurait pour attribut caractéristique l'interdépendance et la coopération étroites de tous ses éléments, mais encore il serait le produit de l'association Il en serait de même pour l'esprit et pour la cité. Le développement des espèces vivantes, de l'humanité, du monde tout entier, formerait donc un seul et même devenir où l'on pourrait voir comme l'histoire concrète des progrès de l'association ou de la solidarité dans l'univers.

Guyau, déjà, s'était rangé à une conception sociologique de la vie, ainsi qu'on aura l'occasion de le remarquer un peu plus loin, à propos de l'émotion esthétique. Il croyait pouvoir réduire à l'unité de ce principe la morale, l'art, la métaphysique et la religion.

l'influence des autres organismes humains, passés ou présents, mais encore parce que notre développement physiologique est en relation inévitable avec l'état du milieu où il se produit, et que cet état même est l'œuvre de la société, bien plutôt que la nôtre.

IV.

Il va de soi que la solidarité, dans ce cas aussi bien que dans tous les autres, est un rapport bilatéral, une relation réciproque, une interdépendance. Si nous relevons, en grande partie, des autres hommes, au point de vue physiologique, les autres hommes, au même point de vue, relèvent, en partie, de nous. En même temps que la santé individuelle nous apparaît, de la sorte, comme un bien d'origine collective, le soin de notre propre santé prend, à nos yeux, une portée sociale. Ces deux idées ne peuvent avoir, au point de vue moral, que des conséquences heureuses.

D'une part, nous nous sentons grandement redevables à l'humanité tout entière et à la société même de la santé dont nous pouvons jouir ; de ce chef, nous nous reconnaissons astreints à des obligations rigoureuses envers nos semblables ; si nous pouvons, à notre tour, contribuer à la sauvegarde et au développement de leur vie matérielle, en améliorant par exemple les conditions économiques et professionnelles de leur existence, nous le ferons volontiers, avec la conscience d'acquitter simplement par là une dette sacrée. — D'autre part, nous nous disons que, en ne veillant pas sur notre santé, en ne lui donnant pas tous les soins nécessaires, en ne contrôlant pas avec assez d'attention nos habitudes corporelles, ce n'est pas à nous seuls que nous faisons du tort, mais aux hommes qui vivent près de nous, peut-être même à ceux qui habitent des pays fort éloignés du nôtre, enfin aux générations à venir et surtout à nos enfants, qui souffriront de nos imprudences ou de nos fautes, sans y avoir aucunement trempé. Cette dernière considération, si nous en savons comprendre toute la gravité, semble, dans bien des cas, de nature à nous retenir plus efficacement que toute autre sur le penchant du mal. Si égoïste qu'il soit, l'homme reste attaché par les fibres profondes du cœur à ses petits. Pour le père qui n'est pas encore complètement dénaturé, il ne saurait y avoir de plus terrible châtiment que le supplice de voir sa faute s'incarner monstrueusement dans le corps infirme, contrefait ou douloureux de ses enfants, et vivre ainsi près de lui, et le poursuivre sans cesse du reproche muet et poignant de ces pauvres regards tor- turés ou vides ; comme aussi, par un juste retour, il n'est pas de revers immérité dont un père ou une mère ne se console assez facilement, à voir fleurir sous ses yeux la vie saine et joyeuse de beaux enfants.

CHAPITRE II

LA SOLIDARITÉ ÉCONOMIQUE (1).

La solidarité entre les hommes est particulièrement visible dans la vie économique. Elle présente ici, en elle-même, un caractère frappant. De plus, nous la remarquons mieux que partout ailleurs parce que, dans le mouvement social contemporain, les questions économiques se sont imposées avec une urgence spéciale même à l'attention de la foule.

La vie économique est l'ensemble des faits qui, dans l'existence humaine, ont directement rapport à la richesse. Mais ce mot de richesse doit être pris exactement. Les économistes y attachent un sens assez éloigné de l'acception vulgaire. Richesse n'est point, pour eux, synonyme de fortune. Ce terme n'exprime pas la condition d'un homme qui possède beaucoup d'or ou d'argent et, de façon générale, de grands biens. Il désigne tout ce qui est de nature à satisfaire nos besoins quels qu'ils soient : corporels

(1) Voir, à ce sujet, Gide, *Principes d'économie politique*, passim.

ou spirituels, primitifs ou acquis, naturels ou
factices, rationnels ou déraisonnables. En ce
sens, l'aliment, si frugal qu'il soit, le vêtement,
même le plus simple et le plus grossier, sont
des richesses, car ils répondent à des besoins
corporels, naturels et primitifs, ceux de la nourriture et de la protection contre les intempéries.
Le tabac et les liqueurs sont aussi des richesses,
car ils peuvent contenter certains besoins corporels, acquis et factices : ceux de fumer et de prendre
des boissons alcooliques. Une œuvre d'art, un
livre de science ou de philosophie, sont des
richesses encore, car ils sont propres à satisfaire
des besoins spirituels cette fois, et très rationnels
au surplus, ceux de contempler le beau et de
connaître le vrai. Les parures féminines, même
de peu de valeur, les moindres fanfreluches, sont
des richesses toujours, puisqu'elles plaisent au
besoin quelque peu frivole de la coquetterie.
Enfin, il n'est pas jusqu'à l'amulette du sorcier
qui ne soit une richesse, car, si elle est impuis-
sante à produire, en réalité, les merveilleux
effets qu'on lui prête, elle donne du moins une
incontestable satisfaction subjective au besoin
déraisonnable de superstition qui, même parmi
les peuples civilisés, subsiste au fond de beaucoup d'esprits. « Il y a, dit un économiste

contemporain, bien des eaux minérales et des produits pharmaceutiques qui sont très recherchés, quoique leurs propriétés curatives soient loin d'être démontrées. Il n'importe : utiles ou non, il suffit que nous les jugions tels pour que ce soient des richesses (1). » On pourrait ajouter que les inventeurs de ces panacées s'en aperçoivent bien au profit qu'ils en tirent. Il est, à l'ordinaire, plus avantageux d'exploiter la sottise des hommes que leur sagesse, parce que la sottise est infinie, et la sagesse, limitée.

On distingue communément, dans la vie économique, un certain nombre de grandes parties. Elles répondent aux principaux chapitres de l'histoire de la richesse. Or cette histoire est simple : la richesse est d'abord produite ; ensuite elle circule ; enfin elle est consommée. Dans la production des richesses, comme dans leur circulation, comme dans leur consommation, la plus étroite solidarité ne cesse de se marquer entre les hommes.

I

La richesse, pour commencer, doit être produite. Cette production suppose la coopération

____

(1) Gide, *Principes d'Économie politique*, p. 52.

de deux facteurs fondamentaux : la nature et le
travail humain. La nature fournit toujours la
matière première qui servira plus tard à la
satisfaction de nos besoins. Mais il nous faut,
par notre effort, approprier cette matière à
l'usage que nous en comptons faire. Du lin, nous
devons, par notre industrie, tirer les fils, puis
la toile, qui enfin, taillée et cousue, sera employée
à notre lingerie. Même quand nous utilisons
certains biens dans l'état même où la nature
nous les donne, la réflexion retrouve sans peine,
à l'origine de ces richesses, l'indispensable
labeur humain : un effort intellectuel a été nécessaire pour découvrir l'existence de ces biens et
leurs avantages ; un effort matériel, d'autre part,
a seul permis de prendre ces biens là où ils
étaient et de les amener au lieu où l'utilisation
pourra en être faite. Avant de brûler la houille
dans les foyers de nos appartements ou de nos
machines, il a fallu trouver la mine, remarquer
les précieuses propriétés du charbon de terre
comme combustible, enfin le tirer de la terre,
même quand il affleurait, pour le transporter
dans nos villes. La nature, jusque dans les cas
les plus favorables, ne nous offre jamais la
richesse qu'à l'état de « puissance » ; c'est au
travail humain qu'il appartient toujours de

l' « actualiser ». La nature nous procure « l'utilisable » ; c'est à nous ensuite d'en dégager « l'utile ».

Mais, la plupart du temps, le travail nécessaire à la production de la richesse excède les forces de l'individu. Les hommes s'unissent alors. Ils combinent leurs efforts. Et ce fait naturel de l'association des travailleurs prend tour à tour différentes formes.

Les hommes, en premier lieu, se mettent à plusieurs pour exécuter la même besogne simple. Cette besogne étant une ou indivisible, tous les travailleurs associés accomplissent la même action. C'est le phénomène économique de « l'association proprement dite », ou de la « coopération simple ». Ainsi plusieurs hommes travailleront ensemble à soulever et à transporter des fardeaux trop lourds pour un seul, ou bien à défricher une étendue de terrain trop vaste pour qu'un ouvrier unique puisse, en temps utile, venir à bout de la besogne. Ce procédé de l'association décuple déjà les forces de l'humanité. Il met à sa portée des œuvres dont la grandeur semblait tout d'abord dépasser de beaucoup la mesure de la puissance humaine. C'est par là que les Anciens purent faire avancer sur mer leurs énormes galères à trois ou quatre rangs de rames. Et c'est aussi la même méthode qui permit aux vieux Égyptiens d'élever tant de monuments aux proportions gigantesques, comme les Pyramides.

A cette première forme de collaboration, le progrès économique en a substitué une autre supérieure, plus parfaite, celle de la « coopération complexe » ou de la « division du travail ». Toutes les fois qu'il s'agit d'exécuter une tâche un peu compliquée et susceptible par là même d'être décomposée en un certain nombre de besognes différentes, il y a grand avantage pour les travailleurs associés à se répartir ces besognes de telle sorte que chacun ait la sienne et la fasse à l'exclusion de toute autre, tandis que ses compagnons se chargent respectivement des autres opérations élémentaires. Ainsi, la diversité des tâches permet d'utiliser mieux les aptitudes particulières des collaborateurs. Chaque opération parcellaire, étant relativement simple, peut être vite apprise. L'ouvrier se spécialisant dans une besogne aisée dont il ne sort plus, par un effet naturel de l'habitude, y devient promptement plus habile : il fait sa besogne mieux. Puis, conformément à la loi de l'habitude encore, il accomplit très rapidement, à la longue, cette même action qu'il répète sans cesse : il fait sa besogne en beaucoup moins de temps. La division du travail nous met donc en état de fabriquer en plus grande quantité des objets de qualité meilleure. A tous égards elle accroît merveilleusement la puissance productrice de notre industrie. Aussi les économistes attachent-ils, à bon droit, une importance extrême à ce procédé.

Adam Smith, au xviiie siècle, en signalait déjà la surprenante fécondité dans une page qui, depuis, est devenue classique.

« L'important travail de faire une épingle est, dit-il, divisé en dix-huit opérations distinctes, ou environ, lesquelles, dans certaines fabriques, sont remplies par autant de mains différentes, quoique, dans d'autres, le même ouvrier en remplisse deux ou trois.

« J'ai vu une petite manufacture de ce genre qui n'employait que dix ouvriers, et où par conséquent quelques-uns d'entre eux étaient chargés de deux ou trois opérations.

« Mais, quoique la fabrique fût fort pauvre, et, par cette raison, mal outillée, cependant, quand ils se mettaient en train, ils venaient à bout de faire entre eux plus de quarante-huit milliers d'épingles dans une journée ; donc chaque ouvrier, faisant un dixième de ce produit, peut être considéré comme faisant dans sa journée quatre mille huit cents épingles.

« Mais, s'ils avaient tous travaillé à part et indépendamment les uns des autres, et s'ils n'avaient pas été façonnés à cette besogne particulière, chacun d'eux assurément n'eût pas fait 20 épingles, peut-être pas une seule, dans sa journée, c'est-à-dire pas, à coup sûr, la 240e partie, et pas peut-être la 4800e partie de ce qu'ils sont maintenant en état de faire, en conséquence d'une division et d'une combinaison convenables de leurs différentes opérations (1). »

En multipliant presque à l'infini la force productrice de l'activité humaine, la division du travail a rendu possible l'accomplissement d'œuvres que nos ancêtres lointains, dans leurs rêves les plus extravagants en apparence, auraient à peine osé concevoir. Les hommes ont pu fabriquer des outils très perfectionnés, des machines très puissantes. Ils ont réussi à mener à bonne fin des ouvrages de longue haleine et d'immense effort : la construction des routes et des voies ferrées, le percement des tunnels au travers des plus hautes montagnes, l'édification des ponts, le creusement des canaux et des

(1) Cité par Izoulet, *Cité moderne*, l. III, ch. iii, § 2, p. 37-8.

ports, le lancement d'énormes navires, la captation des eaux et des diverses forces naturelles, comme l'énergie électrique développée par les torrents et recueillie par nos usines, l'exploitation des mines de charbon, de fer, de cuivre, d'argent, d'or et de divers métaux, etc... Toutes les richesses ainsi acquises constituaient de précieux moyens de produire des richesses nouvelles. Fruits du travail passé, elles donnaient au travail à venir une puissance et une fécondité créatrice sans cesse croissantes. Elles formaient autant de « capitaux » d'une valeur inappréciable, puisque le capital, ce « travail cristallisé », n'est proprement, aux yeux des économistes, qu'une richesse préexistante dont on peut se servir dans la production de richesses futures (1). Le régime de la division du travail a donc favorisé, dans chaque nation, l'accumulation d'énormes richesses propres à engendrer sans fin d'autres richesses, ou bien encore la formation d'un capital commun de prix inestimable, dont tous les membres de la société profitent si naturellement que, le plus souvent, ils n'en ont même pas conscience.

Le développement des voies de communica-

(1) Gide. *Principes d'économie politique* p. 152 à 168.

tion et des moyens de transport permettait, en même temps, à la division du travail de franchir les frontières nationales. Elle s'étendait d'abord à un continent entier, ensuite à toute la terre. Elle devenait internationale ou « mondiale » (1). Le même phénomène de division et de spécialisation de l'activité productrice qui avait d'abord eu lieu à l'intérieur de chaque peuple, se répétait, sur une échelle bien plus vaste, dans l'ensemble des peuples. Chacun d'eux se consacrait particulièrement à la production des richesses les mieux appropriées à la nature de son sol et de son climat, ou bien encore aux aptitudes et aux qualités propres de la race. C'est ainsi que l'Angleterre tendait à se spécialiser dans la production de la houille et du fer ; la Russie, dans celle du blé ; l'Espagne, dans celle des vins ; l'Australie, dans celle de la laine ; la France enfin, dans celle des objets manufacturés exigeant des dispositions artistiques et du goût, comme les modes, ou bien encore les articles dits de Paris.

Ce progrès dans la division du travail humain entraîne, en ce qui concerne la solidarité, des effets très remarquables. Il resserre et étend la

(1) Gide, *Principes d'économie politique*, p. 212-213.

dépendance mutuelle des hommes dans le présent ; il augmente la dette des générations présentes envers les générations passées.

A mesure que l'individu enferme son activité propre dans une besogne plus étroite et plus particulière, il devient de plus en plus incapable, à la lettre, de se passer de ses semblables. Il faut de toute nécessité qu'il s'adresse à eux pour se procurer, en dehors des produits restreints de son travail personnel, toutes les autres richesses qui sont indispensables à la satisfaction de ses multiples besoins et à la conservation de sa vie. Comme la division du travail déborde maintenant les frontières nationales, la solidarité économique les franchit elle aussi. Ce n'est pas seulement de nos compatriotes qu'il nous est, aujourd'hui, matériellement impossible de nous passer ; c'est encore des étrangers, qui nous fournissent la plupart des denrées nécessaires à notre entretien. « Le plus pauvre ouvrier, écrit un économiste, consomme les produits des deux mondes. La laine de ses habits vient d'Australie ; le riz de sa soupe, des Indes ; le blé de son pain, de l'Illinois ; le pétrole de sa lampe, de Pensylvanie ; son café, de Java...(1) » Chacun de nous,

(1) De Laveleye, *Éléments d'économie politique*, p. 198.

sous le rapport économique, dépend donc étroitement de toute l'humanité actuelle.

Il dépend, sous le même rapport, de toute l'humanité passée, surtout de la nation et de la race à laquelle il appartient. En venant au monde dans un peuple civilisé, nous héritons tout de suite, à notre insu, de richesses considérables. En effet, nous participons tous, dès le début de notre vie, à ce capital inestimable que, depuis des siècles, la nation accumule. Nous trouvons, toutes prêtes à favoriser et à féconder singulièrement notre effort producteur, des routes commodes et sûres, des voies de communication de toutes sortes, des villes bien construites et bien aménagées, des usines dès longtemps installées et en plein fonctionnement, des machines ingénieuses et puissantes ; et aussi toutes ces institutions sociales, civiles, commerciales, politiques, que nos ancêtres ont établies peu à peu, à force de travail, de sueur ou de sang, et qui permettront à notre activité personnelle de s'exercer avec plus de sécurité, de liberté et de profit. Nous ne pourrions, à coup sûr, satisfaire aussi bien nos besoins les plus recherchés et les plus délicats, si maintes générations humaines, dès les temps les plus reculés, n'avaient d'avance travaillé pour nous et préparé en notre faveur des richesses aussi abondantes et aussi variées.

Jusque dans les objets les plus simples et les plus naturels en apparence, nous bénéficions du labeur séculaire de l'humanité. Si nous mangeons à présent un bon pain, à la mie blanche et à la croûte dorée, c'est que depuis des siècles et des siècles, les hommes s'évertuent, non seulement pour améliorer l'art du boulanger, mais pour amender le sol arable, perfectionner la culture, et en particulier faire du blé la plante précieuse que nous connaissons aujourd'hui, au lieu de ce blé originaire, si différent du nôtre, que les botanistes eux-mêmes n'ont pas encore réussi à le définir exactement. « Entre les grains acides de la vigne sauvage et nos grappes de raisins, remarque M. Gide, entre les légumes ou les fruits succulents de nos vergers et les racines coriaces ou les baies âpres, vénéneuses quelquefois, des variétés sauvages, la différence est telle que l'on peut bien considérer ces fruits ou ces légumes comme des produits artificiels, c'est-à-dire de véritables créations de l'industrie humaine. Et la preuve, c'est que si le travail incessant de culture vient à se relâcher pendant quelques années, ces produits ne tardent pas, comme l'on dit, à dégénérer, ce qui signifie simplement qu'ils retournent à l'état de nature en perdant toutes les vertus dont l'industrie humaine les avait dotés (1). » Ainsi, même dans ces biens qui semblent, à première vue, de pures libéralités de la terre, nous jouissons, en réalité, des efforts patiemment capitalisés de toute l'humanité antérieure. La bienveillance en apparence gratuite de la nature est faite, au fond, de travail humain condensé, d'antiques et pénibles conquêtes de nos ancêtres.

De façon générale, la division croissante du travail a pour résultat d'établir entre tous les hommes, dans la production des richesses, une solidarité à la fois plus stricte et plus vaste chaque jour. Elle étend sur l'humanité tout entière comme un immense réseau dont les mailles sont tellement serrées qu'aucun individu n'y échappe, et que la moindre agitation s'y propage avec une rapidité singulière à des distances surprenantes. Les crises de production nous fournissent, à cet égard, les témoignages les plus décisifs et les plus frappants. On appelle de ce nom de graves ruptures d'équilibre qui, dans l'ordre économique, proviennent brusquement soit de l'encombrement, soit au contraire du déficit d'une certaine richesse. Ces crises ont

(1) Gide, *Principes d'économie politique*, p. 111.

toujours leur siège primitif ou leur point de départ dans un pays donné, à une époque donnée. Mais le trouble, d'abord localisé, ne manque jamais de se répercuter jusqu'en des régions très lointaines, où il se prolonge parfois durant de nombreuses années. Les disettes dans l'Inde ont pour écho à peu près fatal et immédiat des crises manufacturières en Angleterre, les Indous n'ayant plus le moyen d'acheter, par exemple, les cotonnades anglaises. Pendant la guerre de Sécession des États-Unis, le coton manqua. Il se produisit ce qu'on a appelé une famine de coton, « cotton famine »; et cette famine, résultat des luttes transatlantiques, provoqua de véritables désastres, dont les industries anglaises et européennes du coton furent longues à se relever.

II

La loi de la solidarité humaine ne se manifeste pas moins clairement dans la circulation des richesses que dans leur production.

Le fait économique de la circulation est, notons-le tout d'abord, une suite fatale de la division du travail. Du moment que l'individu se spécialise, non seulement dans la production d'une richesse unique, mais encore dans l'accomplissement exclusif d'une des opérations élémentaires que suppose la fabrication d'une marchandise déterminée, il est indispensable qu'il demande à d'autres hommes et fasse venir de plus ou moins loin presque tous les objets nécessaires à la satisfaction de ses besoins. « Comment un homme pourrait-il se cantonner dans une seule occupation, par exemple consacrer sa vie à faire des clous ou des fromages, s'il ne pouvait compter que d'autres feront le pain pour eux et pour lui, et qu'il pourra ainsi se procurer par l'échange tout ce qu'il ne produit pas lui-même (1) ? » Sous le régime de la coopération complexe, les richesses inévitablement circulent, avec d'autant plus d'activité et dans un rayon d'autant plus vaste que la division du travail industriel est elle-même poussée plus loin. Au travail divisé simplement entre les citoyens d'une même ville répond le commerce urbain; au travail divisé déjà plus largement entre les habitants d'une même province se rattache le commerce provincial; une extension nouvelle de la division du travail à la nation tout entière donne le commerce national ; une étape encore, et nous arrivons au

(1) Gide, *Principes d'économie politique*, p. 212.

commerce colonial ; enfin un dernier progrès en étendue de la coopération complexe trouve son corrélatif nécessaire dans le commerce international ou mondial. — L'échange ou le commerce, phénomène fondamental de la circulation des richesses, suit donc avec une parfaite exactitude, dans son développement, les vicissitudes de la division du travail industriel. Et comme celle-ci est, nous le savons, une cause de croissante solidarité économique entre les hommes, nous avons tout lieu de prévoir qu'il en sera de même pour l'autre fait, inséparable du premier.

Effectivement, l'échange ou le commerce est, de sa nature même, un phénomène social. Il est, par essence déjà, un fait de solidarité économique, puisqu'il fait dépendre l'un de l'autre, pour la satisfaction de leurs besoins, l'acheteur et le vendeur. De ces deux personnages, en effet, l'un achète ce qui lui manque, l'autre vend ce qu'il possède en excès, afin de se procurer, en échange, des biens qui lui font défaut.

Le commerce n'est pas seulement en lui-même un fait de nature sociale et conséquemment solidaire ; il obéit en outre, on pouvait s'y attendre, à des lois de même espèce. Le principe dominateur du commerce, celui qui contribue plus que tout autre à déterminer la valeur marchande des richesses ou leur valeur d'échange, c'est la loi bien connue « de l'offre et de la demande ». Elle pose que le prix d'une marchandise s'élève à mesure qu'elle est plus demandée et moins offerte, tandis qu'il s'abaisse, au contraire, à mesure que la marchandise est plus offerte et moins demandée. Cela revient à dire, au fond, que la valeur marchande d'une richesse est inversement proportionnelle à la quantité disponible de cette richesse sur un marché, à un moment donné ; et qu'elle est directement proportionnelle au nombre et à l'intensité des besoins qui, sur le même marché, attendent de cette richesse leur satisfaction. Nous pouvons, on le voit par là, contenter nos besoins à plus ou moins bon compte, c'est-à-dire plus ou moins aisément, selon que le commerce met à notre portée, en quantité plus ou moins grande, les marchandises correspondantes, et selon qu'il se manifeste, dans notre milieu, des besoins similaires plus ou moins nombreux et plus ou moins vifs. La loi de l'offre et de la demande nous place donc, par le moyen du commerce, d'abord sous la dépendance économique de notre entourage immédiat ; puis, à mesure que les marchés commerciaux s'étendent progressivement à la ville, à la province, à la nation, à ses colonies même et au monde tout entier, elle nous subordonne économiquement à un nombre d'hommes de plus en plus considérable. L'échange est, par ses lois comme par sa nature, un principe de solidarité.

Une des causes qui ont le plus secondé les progrès du commerce, c'est l'emploi de la monnaie, et en particulier des métaux précieux. Les hommes échangèrent tout d'abord marchandise contre marchandise. C'est ce qu'on appelle le « troc ». Mais cette forme primitive de la circulation des richesses était étrangement incommode. Il fallait, en effet, que la personne désireuse de se procurer un certain objet et prête à en céder un autre découvrît une deuxième personne désireuse précisément de se procurer le second objet et prête à céder le premier ; de plus, il fallait que les deux objets à échanger fussent de valeur sensiblement égale. Toutes ces conditions ne pouvaient être, on le sent bien, réalisées ensemble que par exception. Aussi l'échange fut-il singulièrement facilité du jour où les divers membres d'un même groupe social eurent l'idée de convenir que toutes les marchandises pourraient être échangées contre une même marchandise tierce servant de monnaie, comme les silex taillés, le bétail, le riz, les coquillages d'une certaine espèce ; et surtout, du jour où ils firent usage de monnaies métalliques d'or, d'argent ou de cuivre, ayant chacune une valeur fixe, bien apparente et garantie par l'État. Les transactions dorénavant purent s'opérer en plus grand nombre, avec plus de rapidité et de sûreté, sur une étendue de pays beaucoup plus vaste.

Mais ce n'est pas seulement en favorisant l'extension du commerce que l'emploi des monnaies précieuses augmenta la solidarité économique entre les hommes ; c'est encore en créant entre eux des liens nouveaux et originaux d'interdépendance. Les gouvernements, aujourd'hui, prennent des mesures énergiques en vue d'assurer la fixité de valeur des monnaies métalliques. Il en résulte pour nous tous une sécurité pécuniaire dont nous sommes redevables à la bonne organisation de nos sociétés civilisées. Si nous sommes, par hasard, d'humeur à thésauriser, nous ne courons pas le risque de voir les sommes d'or ou d'argent mises par nous en réserve fondre insensiblement entre nos mains par la simple dépréciation générale de la monnaie. Mais cette sécurité est loin d'avoir existé toujours. A de certaines époques de notre histoire, les gouvernements ont eux-mêmes contribué, par des mesures malhonnêtes autant que dangereuses, à l'instabilité de valeur des monnaies. Quelques rois de France, à bout de ressources, trouvèrent un moyen commode mais déloyal de se tirer d'embarras : ils frappèrent des monnaies trop faibles, c'est-à-dire dans lesquelles la valeur réelle de l'or et de l'argent employé était notablement inférieure à la valeur légale ou nominale inscrite sur les pièces. De pareilles monnaies étaient bientôt dépréciées ; elles étaient une cause de ruines individuelles et de misère générale. Aussi le peuple, dont le gros bon sens ne manque ni de justice, ni de perspicacité, a-t-il poursuivi d'un ressentiment spécial ces rois besogneux et malhonnêtes, en les flétrissant, comme Philippe le Bel, du surnom de « faux monnayeurs ».

Pour bien saisir toute l'importance des nouveaux rapports de solidarité qui naissent entre les hommes de l'usage des monnaies précieuses, il suffirait, au demeurant, de songer que, parmi les crises économiques, les plus graves, les plus terribles, celles qui ont le retentissement le plus large et le plus funeste, sont, de l'aveu de presque tous les auteurs, les « crises monétaires » (1).

(1) Gide, *Principes d'économie politique*, p. 186-7.

Une autre date mémorable de l'histoire du commerce, c'est l'institution du crédit. On l'a défini, dans sa généralité, l'échange d'une richesse présente contre une richesse future. Sa forme la plus intéressante est celle des lettres de change, billets à ordre, ou titres négociables par l'intermédiaire des banques. « Il y eut là, dit M. Gide, une véritable révolution économique qu'on peut faire dater du XIIIe siècle (1). »

Sous cette forme supérieure, le crédit a rendu possible une nouvelle et immense extension des échanges, d'une part en facilitant les achats et ventes à échéance fixe plus ou moins éloignée ; d'autre part en permettant aux hommes qui ont beaucoup d'activité, mais peu de capitaux, d'utiliser les capitaux de ceux de leurs semblables qui ont, tout au contraire, beaucoup plus de fortune que d'activité et d'initiative ; enfin en substituant au transport réel du numéraire, procédé toujours incommode et chanceux, soit le transport de simples papiers, soit même de pures opérations d'écriture. M. Gide explique fort clairement le mécanisme de cette méthode financière. « Supposons, dit-il, que les commerçants français aient vendu pour 10 millions de

(1) Gide, *Principes d'économie politique*, p. 333.

6*

francs de vins à l'Angleterre ; ils ont vendu à
terme, c'est-à-dire qu'au lieu de toucher de l'argent, ils ont tiré pour 10 millions de francs de
lettres de change sur leurs débiteurs anglais.
Supposons que les compagnies de houille anglaises aient, de leur côté, vendu 10 millions
de francs de houille aux manufacturiers français
et aient tiré valeur égale de lettres de change
payables sur la France. Quand les manufacturiers français voudront régler leurs achats,... ils
se feront céder tout simplement par les vendeurs
de vins les 10 millions de créances payables en
Angleterre,... et les enverront alors à leurs
créanciers, les compagnies houillères... en leur
disant : « Faites-vous payer par vos compatriotes ». Ainsi... on aura évité l'absurdité de
faire traverser la Manche en sens inverse par
deux courants de numéraire (1). » Aujourd'hui,
nous pouvons acheter en Amérique ou en
Extrême-Orient des millions de marchandises
sans avoir besoin d'expédier au loin un seul sou.
Il suffit d'envoyer là-bas des lettres de crédit que
les banques du pays se chargeront de payer ; ou
même il suffit, par des virements d'écriture,
de faire porter au crédit de nos fournisseurs,

(1) Gide, *Principes d'économie politique*, p. 280.

dans les banques américaines ou extrême-orientales, des sommes qui, tout d'abord, figuraient à notre crédit dans les banques françaises en relations avec celles de l'étranger. Après la guerre de 1870, l'énorme indemnité de 5 milliards que nous avait imposée l'Allemagne et dont le paiement en espèces aurait exigé des centaines de trains chargés d'or, fut, pour la plus grande partie, réglée avec une facilité incomparablement supérieure par l'intermédiaire des banques, et au moyen de papiers de commerce. Sans ces ingénieuses combinaisons, l'échange international serait, à vrai dire, impossible. Tout notre commerce moderne et toute notre industrie ont pour base le crédit.

Comme la monnaie métallique, ce n'est pas seulement en hâtant les progrès du commerce, en lui ouvrant l'accès du monde entier, que l'institution du crédit a servi le développement de la solidarité économique entre les hommes ; c'est de plus en les unissant, au point de vue de la richesse, par de nouvelles relations de mutuelle dépendance. Songeons simplement, pour nous en rendre compte, à l'étroite communauté d'intérêts qui rattache entre elles une banque et toutes les maisons de commerce ses clientes. La déconfiture de l'une entraînera presque toujours la faillite et la ruine des autres. Et n'est-ce pas, enfin, la création des banques et du crédit qui seule a rendu possible cette grande spéculation, dont on peut contester sans doute la valeur morale et la légitimité, mais dont on ne saurait nier, en tout cas, le retentissement important, profond, lointain, durable, terrible parfois, sur toute la vie économique des peuples ?

III

Les richesses ne circulent que pour arriver, en fin de compte, entre les mains de ceux qui doivent les utiliser et les consommer. Dans cette dernière fonction de la vie économique, les hommes sont solidaires les uns des autres, tout aussi bien que dans les deux premières.

Cette opinion, au premier abord, semblera peut-être paradoxale. C'est un préjugé répandu qu'il convient de laisser aux hommes toute liberté dans la consommation des richesses; qu'ils ne consomment jamais trop, et que la dépense a toujours cet heureux résultat de « faire aller le commerce ». Si la foule est instinctivement hostile à l'avare, elle est, tout au contraire, indulgente ou même franchement bienveillante au prodigue. Il se fait du tort à lui-même, pense-t-elle; mais il n'en fait pas aux autres; loin de là, il leur rend service par ses folles prodigalités, puisque l'argent qu'il gaspille passe de la sorte entre les mains des marchands, des ouvriers, des travailleurs et producteurs de toutes sortes, qui sauront en faire bon usage. Si courante qu'elle soit, cette erreur n'en est pas moins dangereuse. La consommation effrénée, la dépense sans mesure, le luxe sans raison ne sont pas seulement nuisibles aux intérêts particuliers de l'individu sujet à ces fautes, ils le sont encore, quoi qu'il paraisse, aux intérêts généraux des hommes. Pour l'humanité comme pour nous, il importe que nous sachions surveiller et régler judicieusement notre consommation économique, sous le rapport de la quantité aussi bien que de la qualité.

Il y a deux grandes vérités dont nous devons toujours nous souvenir. La première, c'est que, malgré tous les progrès de notre industrie, la somme des richesses actuellement existantes est insuffisante même pour donner satisfaction aux besoins les plus élémentaires et les plus indispensables de la majorité des hommes. La seconde, c'est que les sources où s'alimente le réservoir des richesses humaines, et en particulier la source maîtresse du travail, ont toutes un débit limité, de telle sorte qu'elles ne pourront jamais suffire à des dépenses immodérées.

Si donc nous consommons pour notre part une trop grande quantité de richesses, nous ferons tort fatalement aux autres hommes ; notre luxe sera pour eux une cause de misère et de privations ; en détournant vers la satisfaction de besoins frivoles et complètement superflus une trop grande part du travail humain, nous risquerons d'ôter à bon nombre de nos semblables jusqu'au pur nécessaire. Ainsi, quand une personne « orne son salon d'orchidées rapportées de Madagascar ou de Bornéo au prix d'expéditions qui ont coûté des centaines de mille francs et même des vies d'hommes, ou de dahlias bleus » qu'on a « fait pousser dans des serres », par les soins de toute une équipe de jardiniers, et « en brûlant plus de charbon qu'il n'en faudrait pour chauffer dix familles tout un hiver (1) », c'est un véritable scandale, une injustice et une honte. La force de tous ces hommes pouvait être beaucoup plus utilement employée à l'accomplissement d'une besogne sérieuse et féconde ; ces sommes follement jetées au creuset d'une fantaisie futile autant que dévo-

____

(1) Gide, *Principes d'économie politique*, p. 584.

rante auraient suffi à soulager bien des infortunes ou à soutenir bien des entreprises d'intérêt général ; enfin n'aurait-il pas beaucoup mieux valu que tout ce charbon brûlât soit dans la cheminée des pauvres, soit encore au-dessous des chaudières de nos usines? « Qu'une dame porte une robe qui ne brille que par l'élégance de la coupe, nous n'y voyons aucun inconvénient, déclare M. Gide, eût-elle été payée 1500 francs chez un couturier en renom... Mais que cette même dame fasse coudre à sa robe de bal quelques mètres de dentelles qui représentent plusieurs années de travail d'une ouvrière, voilà l'abus. Qu'un lord d'Angleterre dépense quelques millions pour une galerie de tableaux, c'est bien (quoiqu'il vaudrait mieux encore qu'il les donnât à un musée public); mais que, comme les grossiers barons d'autrefois, il engloutisse à son repas assez de viande et de vin pour nourrir vingt personnes, ou que, pour se donner le plaisir de faire tirer à ses invités quelques coqs de bruyère, il convertisse en terrain de chasse des terres qui auraient pu produire des aliments pour plusieurs centaines d'êtres humains, voilà l'abus (1). » L'humanité n'est pas assez riche

____

(1) Gide, *Principes d'économie politique*, p. 584-5.

soit de forces, soit de biens, pour gaspiller de la
sorte ses énergies et ses ressources. C'est ce
gaspillage du labeur humain et des richesses
qui constitue le faux ou mauvais luxe. Et ce luxe-
là, par contre-coup, tue des hommes : il est tout
uniment un crime.

On a d'ailleurs justement remarqué que ce
luxe criminel n'est pas, quoi qu'il en semble
d'ordinaire, l'apanage des riches. « Il y a, écrit
M. Gide, qu'il ne faut pas se lasser de citer en ces
matières, il y a un luxe des pauvres qui n'est
pas moins onéreux pour la société. La valeur
que chaque jour des consommateurs pauvres
jettent dans leurs verres, sous la forme d'ab-
sinthe aux reflets d'opale, représente une valeur
infiniment supérieure à celle de la perle que
Cléopâtre jeta dans sa coupe, quoiqu'elle valût,
je crois, 300.000 sesterces ;... et la reine du
moins n'en fut pas empoisonnée (1). »

La quantité de travail humain et de richesses
de toutes sortes que nous consacrons à la satisfaction de nos propres besoins ne saurait donc
être indifférente à l'ensemble des hommes.
Ceux-ci, de même, ne sauraient se désintéresser
de la qualité ou du mode de notre consom-

(1) Gide, *Principes d'économie politique*, p. 585.

mation. Abstraction faite de la quantité des biens employés, il y a place, en effet, pour une consommation folle et une consommation sage. La première, égoïste et imprévoyante, ne se fait pas scrupule de détruire complètement, même sans nécessité, les richesses qu'elle utilise : ainsi le voyageur brisera, après l'avoir vidée, la bouteille qu'il avait achetée, en partant, au buffet de la gare. La seconde, clairvoyante et soucieuse du bien commun, a grand soin de ne détruire que les objets qui ne peuvent être utilisés autrement. Elle conserve, toutes les fois qu'il est possible, les utilités dont elle a tiré avantage. Et même lorsque la consommation implique fatalement destruction, elle sait, de la cendre de ces utilités consumées, faire sortir encore des utilités nouvelles : des vieux chiffons, elle fabrique le papier ; des os calcinés, le noir animal ; des ordures ménagères et des scories de la fonte, elle fait des engrais ; des résidus de la houille, elle extrait des couleurs chatoyantes, des parfums délicats, quelquefois, hélas ! des liqueurs. « Dans une économie parfaite, aucun bien ne périrait ; tous seraient transformés », et par ces transformations successives donneraient indéfiniment satisfaction aux divers besoins des hommes. « La consommation ne serait que l'histoire des métamorphoses de la richesse. » L'humanité tout entière pourrait peut-être vivre matériellement heureuse, si chacun parmi nous avait l'art et la science de régler en toute sagesse, pour la grandeur et pour le mode, pour la qualité comme pour la quantité, sa propre consommation.

IV

En résumé, la vie économique, en se développant, multiplie, consolide, resserre et étend sans cesse les liens de solidarité entre les hommes. Dans toutes ses parties ou fonctions, sous tous ses aspects, par la production des richesses, comme par leur circulation et leur consommation, elle a pour effet de nouer de plus en plus les uns aux autres les intérêts matériels des individus. Elle tisse peu à peu une trame sans lacune qui enserre comme en un seul tout l'humanité entière. Par là s'expliquent, en fin de compte, des faits à première vue surprenants, tels que ceux dont naguère encore nous fûmes tous témoins à la suite du « krach » des sucres. Il advient que la chute d'un seul homme, l'écroulement d'un seul gros spéculateur, provoque jusqu'aux extrémités de la terre maintes ruines et maints suicides, fomente des grèves, bouleverse de fond en comble des industries, et, comme le montrait tragiquement une gravure de « *Je sais tout* », en novembre 1905, écrase tout un monde. Il advient aussi que le gouvernement effectif des peuples et la haute direction des affaires passe de plus en plus des puissances proprement politiques aux puissances économiques : les arbitres des destinées humaines, de la paix ou de la guerre, des alliances ou des conflits entre nations, ne sont plus aujourd'hui, dit-on, les rois ou les empereurs à la mode d'autrefois, ni même peut-être les parlements, mais les rois à la mode américaine, les rois du cuivre, les rois du charbon, les rois du pétrole, les rois des chemins de fer, surtout les rois de l'or.

LIVRE II

LE FAIT DE LA SOLIDARITÉ PSYCHOLOGIQUE ENTRE LES HOMMES

CHAPITRE I

LA SOLIDARITÉ ARTISTIQUE.

Dans nos sociétés cultivées, le sentiment du beau est très répandu et très puissant. Il n'a plus ce caractère un peu exceptionnel et aristocratique qu'il garda, même chez nous, pendant assez longtemps. Il a subi l'évolution générale. Il s'est démocratisé, et joue maintenant, jusque dans l'existence du peuple, un rôle très considérable. L'ensemble des faits qui regardent ce sentiment forme la vie esthétique ou artistique. Elle comprend deux principales fonctions : l'une, en un sens, passive : c'est la contemplation, et l'admiration de la beauté ; l'autre, plutôt active : la production de la beauté dans les œuvres d'art. Or à ces deux points de vue, et surtout au second peut-être, une étroite solidarité se marque entre les hommes.

7*

I.

Nous nous contentons, pour la plupart, d'admirer le beau et d'en jouir, quand nous le rencontrons, soit dans la nature même, soit dans les œuvres de nos semblables. Nous prendrons plaisir, dans nos promenades, à contempler longuement un paysage rare, émouvant et pittoresque, ou bien un animal, un cheval par exemple, aux formes d'une élégance et d'une grâce singulières. De même, dans les musées, nous nous arrêterons volontiers en face de beaux tableaux ou de belles statues, et c'est à peine si les allées et venues des autres visiteurs réussiront à troubler le profond et délicieux recueillement de notre joie contemplative. Au théâtre, nous nous complairons, isolés dans une sorte d'extase et vibrant néanmoins avec la foule, à détailler tout le charme d'une musique harmonieuse. Au coin de notre feu, dans nos heures de loisir, nous savourerons enfin un poème de noble inspiration et d'ingénieuse facture, ou même un roman nouveau, aux péripéties attachantes et aux mœurs finement observées. Les satisfactions que nous nous procurons de la sorte sont très vives et très précieuses. Elles nous font passer plus facilement sur bien des ennuis et des tristesses de la vie courante. Elles nous aident, parfois, à nous consoler et à nous remettre des peines les plus cruelles. Ces joies esthétiques ont le grand avantage d'être bien nôtres, en apparence du moins. Elles ne dépendent, semble-t-il, que de nous ; et c'est ce qui fait principalement leur valeur éminente et leur prix tout à fait supérieur à nos yeux. Il nous appartient de les éprouver à peu près quand nous le voulons. Elles paraissent avoir leur unique source dans notre goût personnel. En réalité pourtant, si nous en sommes capables, c'est, pour beaucoup, aux autres hommes que nous le devons. Notre goût individuel a toujours des bases sociales.

Un fait, à la rigueur, suffirait à nous en convaincre : les exigences du goût changent régulièrement avec les peuples, et, dans un même peuple, elles restent sensiblement identiques, à une époque donnée, quels que soient les individus que l'on considère. Prenons pour exemple la beauté du corps humain. Si l'on demandait à plusieurs d'entre nous de la définir avec détail, nous le ferions, à coup sûr, en termes très différents. Et cependant, n'est-il pas vrai qu'elle réside, au fond, pour nous tous,

Français d'aujourd'hui, dans une certaine régularité à la fois puissante, souple, harmonieuse et expressive des lignes corporelles ? Si un homme s'offre à nos regards, qui possède toutes ces qualités réunies à un très haut degré, n'est-il pas certain que nous nous accorderons tous à l'admirer ? Au contraire, des hommes appartenant à une civilisation très différente de la nôtre, des Hottentots, des Cafres ou des Esquimaux par exemple, n'apercevront rien dans cette forme qui réjouisse leurs yeux, frappe leur imagination et touche leur cœur. C'est qu'ils ont accoutumé de concevoir la beauté humaine tout autrement que nous ; c'est que le goût de ces sociétés inférieures est, sur ce point particulier comme sur bien d'autres encore, fort éloigné de notre goût commun. Chaque race et, à un moindre degré peut-être, chaque nation a sur le beau ses idées, ses aptitudes, ses exigences spéciales. Si jaloux que nous soyons de notre indépendance personnelle dans tous les domaines, nous ne devons pas nous y tromper : les beautés qui nous séduisent individuellement ne sont jamais, de notre part, l'objet d'un choix capricieux ou dont notre goût propre, à tout le moins, serait l'unique arbitre ; elles sont toujours en rapport avec les tendances collectives et le degré de développement esthétique de la société à laquelle nous appartenons.

Il en résulte que, au fur et à mesure que la civilisation fait de nouveaux progrès, l'homme, en matière d'art, devient capable de joies contemplatives plus nombreuses et plus variées. La sensibilité artistique individuelle s'avance du même pas et s'enrichit des mêmes gains que le goût national. En France, de nos jours, nombre de plaisirs très purs, très profonds et très forts nous viennent de la contemplation de la nature extérieure. La vue des cimes neigeuses incendiées, vers le soir, par les derniers rayons du soleil couchant, qui semblent s'attarder à la fraîcheur nacrée des glaciers et, dans l'ombre déjà tombée, y laissent, comme un regret persistant, les nuances infiniment délicates d'un mauve presque irréel ; le spectacle d'un lac étendant au loin, par une nuit claire, ses eaux sereines, à peine frissonnantes, où tremble imperceptiblement, aminci vers l'horizon, le reflet prolongé de la lune qui se lève ; la paix moussue et reposante d'un vallon boisé où coule à petit bruit, comme en se jouant, le ruisseau précipité tout à l'heure des hautes falaises rougeâtres de la montagne ; ou même simplement la robustesse fière d'un noyer qui, seul au sommet d'un talus, resserre et arc-boute ses branches, en lutteur expérimenté, pour résister mieux aux efforts du vent : tout cela nous émeut dans notre intimité, éveille au fond de notre cœur des vibrations subtiles mais puissantes qui l'agitent délicieusement. Le Français de notre époque a le sentiment vif de la nature. Nous le comprenons mieux qu'ailleurs dans ce pays dauphinois, où la nature revêt tant de formes particulièrement belles et intéressantes, tour à tour séduisante et gracieuse ou imposante et sublime, amie du voyageur et accueillante à l'homme, ou jalouse de sa solitude, hostile, presque haineuse. — Mais cette source abondante de joies esthétiques, c'est depuis un ou deux siècles à peine qu'elle s'est franchement ouverte en France. Même au XVIIe siècle, si grand pourtant par la littérature et l'art, le sentiment de la nature ne fut qu'une exception. Très rares en sont les traces dans les œuvres de cette époque, comme chacun sait. Si donc nous étions nés quelque trois cents ans plus tôt, dans cette même société française, le charme de la nature, si puissant sur nos âmes, aurait été pour nous vraisemblablement lettre close; parmi les joies d'art que nous mettons, à présent, au nombre des plus précieuses, beaucoup nous seraient restées inconnues.

Notre goût individuel participe donc soit à

l'imperfection, soit à la perfection relative du goût collectif. Il s'ouvre à des satisfactions esthétiques nouvelles par l'avancement même de la société et le progrès de l'intelligence ainsi que de la sensibilité humaine. Ce n'est pas tout. Les joies que nous puisons dans l'admiration de la beauté sont encore plus ou moins savoureuses et plus ou moins fortes, selon que d'autres hommes les partagent, ou non, avec nous. Nos plaisirs artistiques dépendent, partiellement, de nos semblables, dans leur intensité et dans leur profondeur, tout comme dans leur qualité et leur nombre. Si, dans une excursion solitaire, vous vous trouvez tout à coup devant un beau paysage, certes celui-ci ne vous laissera pas froid. Mais combien votre joie serait plus grande et plus complète, si vous aviez auprès de vous des compagnons de route capables de priser ces beautés ! L'émotion d'art se multiplie, chose singulière, par la division. L'admiration en commun est toujours bien plus vive qu'à part. Il se passe ici, dans l'ordre moral, un phénomène semblable à celui de l'influence électrique dans l'ordre matériel. Deux corps électrisés sont-ils en présence ? Leur charge électrique s'accroît par le fait même de leur voisinage. Deux âmes contemplent-elles une même beauté ? Leur joie admirative s'exalte par la communauté du sentiment. Les esprits se nourrissent d'autant mieux d'un même aliment esthétique qu'ils sont plus nombreux à se le distribuer. C'est dans la pensée que s'opère, chaque jour, le vrai miracle de la multiplication des pains. Instruits ou ignorants de la psychologie, nous avons tous un instinct obscur de ces vérités. Aussi, lorsque nous sommes seuls en face d'une belle œuvre d'art, après l'extase première, il nous arrivera souvent de regarder autour de nous, comme si nous cherchions un autre homme, dans l'âme duquel notre joie pût trouver écho, et se renforcer. Dans la solitude, nous en avons l'impression très nette, il manque quelque chose à notre plus parfaite satisfaction. On connaît à ce sujet le mot du philosophe-poète, Guyau :

« Lorsque je vois le beau, je voudrais être deux (1) ! »

(1) Guyau, *Vers d'un philosophe*. Le mal du poète.
D'après Guyau, l'émotion esthétique n'aurait pas seulement, à un degré remarquable, la *propriété* d'être communicative ; elle ne serait pas sociable en cet unique sens que, une fois née, et sous ses formes les plus parfaites notamment, elle tend à rapprocher les hommes les uns des autres ; mais en outre elle naîtrait, sous toutes ses formes et à tous ses degrés, d'un concours ou d'une conspiration d'éléments ; elle serait, par *essence*, un fait de sociabilité ; elle aurait son principe même dans la solidarité soit

C'est principalement dans cette loi, dans ce sentiment naturel, qu'il faut chercher le secret de la puissance particulière et souvent signalée de

des parties constituantes d'un même individu entre elles, soit de plusieurs individus entre eux. Le beau se ramènerait, en dernière analyse, à un phénomène de sympathie intercellulaire ou interpersonnelle, parce qu'il se ramène à la vie.

« Les cellules de l'organisme... forment une société de vivants... » « Notre conscience.., malgré son unité apparente, est elle-même une société, une harmonie... entre des états de conscience élémentaires... La conscience individuelle... est donc déjà sociale... Nous disons *moi*, et nous pourrions aussi bien dire *nous*. L'agréable devient beau à mesure qu'il enveloppe plus de solidarité et de sociabilité entre toutes les parties de notre être et tous les éléments de notre conscience, à mesure qu'il est plus attribuable à ce *nous* qui est dans le *moi*... Le sentiment du beau n'est que la forme supérieure du sentiment de la solidarité... ; il est la conscience d'une société dans notre vie individuelle... La solidarité et la sympathie des diverses parties du moi nous a semblé constituer le premier degré de l'émotion esthétique ; la solidarité sociale et la sympathie universelle va nous apparaître comme le principe de l'émotion esthétique la plus complexe et la plus élevée. » L'émotion esthétique la plus haute est « le retentissement en nous de la vie collective universelle... C'est dans la négation de l'égoïsme... que l'esthétique, comme la morale, doit chercher ce qui ne périra pas. » (*L'Art au point de vue sociologique*, ch. I. § 2, p. 8 à 16.)

On ne peut ici que signaler en passant cette haute et belle conception qui, en germe déjà dans les *Problèmes de l'esthétique contemporaine*, se développe ultérieurement et fait le fond original de *L'Art au point de vue sociologique*. Sans doute aura-t-on quelque jour occasion d'étudier en détail cette doctrine dans un autre ouvrage.

l'art du théâtre. C'est au théâtre, semble-t-il, que
nous éprouvons les émotions artistiques les plus
profondes et les plus intenses, surtout lorsque
la salle de spectacle est bien peuplée. La raison
en est que l'impression du drame ou de la musique dans chaque âme individuelle se réfléchit
instantanément dans toutes les autres âmes, et
de la sorte, par un effet de sympathie réciproque
ou de répercussion multiple, en arrive à prendre
une ampleur et une puissance extraordinaires,
presque illimitées. Aussi ne faut-il pas s'étonner
du désenchantement qu'apporte toujours le souvenir de la représentation la plus admirable.
Nos plus grands enthousiasmes dramatiques
nous paraissent invariablement, le lendemain,
un peu excessifs, sinon un peu ridicules d'exagération. Ce n'est pas seulement que l'image n'a
jamais le relief ni le coloris de la réalité présente ;
c'est encore et surtout que nous ruminons seuls
l'admiration artistique ressentie, tout d'abord,
au milieu de la foule. Isolée, notre âme a perdu,
pour la plus grande part, cette puissante sonorité sentimentale que naguère développait en elle
le groupement. Notre goût individuel est resté le
même ; la pièce, non plus, n'a pas changé ; elle
fait, au plus profond de nous, vibrer, par le
souvenir, les mêmes cordes ; si cette musique

intérieure nous semble incomparablement plus
grêle, moins puissante et moins touchante que
la veille, c'est que notre admiration, maintenant,
chante seule, et que la caisse sonore de maintes
sympathies voisines n'est plus là pour amplifier
sa voix. A lire certains critiques dramatiques,
volontiers sévères après coup et prompts à corriger la faveur de leur premier jugement, on se
demande quelquefois s'ils ont une claire conscience de cette vérité si simple d'optique théâ-
trale.

On le voit, le bonheur que nous trouvons dans
la contemplation du beau est soumis, de toute
façon, à l'influence de nos semblables. Sans
doute, il relève de nous d'abord, mais non de
nous seulement. Dans cette première fonction
de la vie artistique, nous sommes, à coup sûr,
solidaires des autres hommes. Nous le sommes
aussi dans la seconde, ou dans la production du
beau.

II

L'admiration du beau tend naturellement à
s'achever dans la création de la beauté. Le sentiment, ici comme ailleurs, est un commencement d'acte. Quand un spectacle nous a

fortement émus, les paroles, d'elles-mêmes, se pressent sur nos lèvres pour le décrire ; si peu de culture littéraire que nous ayons, cette description ne manquera même, sans doute, ni de mouvement, ni de relief, ni de coloris, ni enfin d'une certaine beauté. Il y a donc chez tout homme, au fond, une tendance mysté- rieuse qui porte l'émotion esthétique, d'abord tout intérieure, à s'extérioriser ou à se maté- rialiser. Cette tendance avorte chez l'immense majorité des hommes. Mais elle acquiert, en certains d'entre nous, une force peu commune. Elle devient impérieuse et dominante. Elle absorbe en elle une grande partie des énergies de l'être. Elle envahit presque tout le champ de la vie. Ces hommes sont ceux que le génie artis- tique, à des degrés divers, a marqués au front. Ils forment, dans l'humanité, une élite. Ce sont, à proprement parler, les artistes, les créateurs de beauté. Ils ont pour mission spéciale de tra- duire et de communiquer à la multitude de leurs semblables, par des œuvres frappantes, les émo- tions d'art puissantes et profondes qu'ils ont eux-mêmes éprouvées. Ils sont les interprètes en titre de l'éternelle beauté. Plus sensibles que la foule au charme esthétique des choses, plus habiles, d'autre part, à l'exprimer clairement, ils savent, dans leurs œuvres, le mettre, pour ainsi dire, à la portée de tous. Les moyens d'expression varient. L'artiste a diverses langues à parler. Son émotion prendra corps soit en des mots, soit en des sons musicaux, soit en des formes matérielles et solides, soit encore en des lignes ou des couleurs combinées. De là nos divers arts : poésie, musique, statuaire, dessin, peinture... Mais, par des voies très différentes, tous les artistes vont au même but : leur fin commune est de donner aux contemplateurs de leurs œuvres l'impression du beau ; l'artiste est toujours, ou du moins veut toujours être, un « poète », au sens étymologique du mot, un inventeur, un révélateur, un producteur de beauté.

Or il ne peut exciter autour de lui l'émotion du beau que si son œuvre, tout originale et personnelle qu'elle soit, conserve pourtant un certain rapport avec la société ambiante. La création artistique n'est pas absolument libre ou arbitraire. L'œuvre d'art, si elle n'est pas mort-née, emprunte quelque chose au milieu social de l'artiste. Elle reflète ce milieu dans une certaine mesure. Personne n'ignore le mot célèbre : « la littérature est le miroir de la société. » C'est une vérité relative qui s'applique également à tous les arts. Tous, dans leurs productions, se ressentent du pays et du temps. Tous expriment, en un sens, un certain état social, dont ils sont comme l'efflorescence. Et le rapport de subordination entre l'œuvre artistique individuelle et le terrain social où elle pousse est tellement étroit que, d'après certains auteurs, tout le secret de la fleur se trouverait, ici, dans le sol qui la porte et la nourrit. L'opinion de Taine est, comme on sait, que le génie d'un Phidias, d'un Michel-Ange, d'un Rubens, d'un Corneille ou d'un La Fontaine, doit toutes ses qualités, comme aussi tous ses défauts, aux conditions du milieu physique ou moral où chacun de ces grands artistes a vécu. La connaissance parfaite de ces conditions déterminantes permettrait de prévoir en toute assurance la nature et les caractères de l'œuvre. Celle-ci, pour employer le langage de la mécanique, ne serait que la résultante de celles-là. C'est toujours, au fond, la société contemporaine qui, par la main du grand poète, du grand peintre ou du grand sculpteur, produirait précisément la beauté qui lui convient. L'ouvrage d'art serait personnel en apparence, mais social, et rien que social, en réalité. Le mérite singulier des personnalités illustres, dans l'ordre littéraire ou artistique, consisterait uniquement à grouper en elles et à rendre mieux

que toute autre les tendances collectives diffuses.
Par là s'expliquerait leur succès. Si un Victor
Hugo s'impose victorieusement à l'admiration
de son temps, c'est que toute une époque se
retrouve elle-même et se reconnaît dans son
œuvre ; c'est, comme on l'a dit de lui non sans
malignité, qu'il est un simple écho, merveilleusement sonore, de toutes les voix du siècle.

Cette théorie, hâtons-nous de le dire, comporte
bien de l'exagération. L'artiste est, assurément,
autre chose que l'ombre vivante de son milieu.
On ne peut uniquement définir le génie individuel comme le foyer lumineux où convergent
les forces sociales obscures. La preuve en est
que des individualités artistiques très différentes
se développent et fructifient souvent dans un
même milieu social. Le pays et le siècle de Victor
Hugo furent ceux également de Lamartine et de
A. de Musset. Un Michel-Ange et un Raphaël
n'ont pas vécu dans des conditions très sensiblement diverses ; et pourtant, quels contrastes
entre ces deux génies ! C'est que l'artiste, au
sens complet du mot, est, quoi qu'on en ait dit,
vraiment et personnellement créateur. S'il
reçoit beaucoup de la société réelle, il lui rend
beaucoup en retour. Elle dépend de lui, pour
une part, comme il dépend d'elle. Il lui

doit, matériellement, ces facultés et ces forces supérieures dont il fait preuve dans la production de la beauté ; mais, en revanche, elle lui devra le progrès et peut-être le renouvellement de son idéal, l'affinement de ses émotions. Mettant à profit sa réelle puissance inventive, l'artiste de génie sait ouvrir aux hommes des horizons imprévus de beauté. Il leur révèle des constellations inconnues ; et ces astres nouveaux, que la pensée créatrice du poète allume au ciel de l'art, n'éclaireront pas seulement le monde humain d'une lumière originale et plus pure, ils le soulèveront aussi de leur puissante attraction. La société présente fait, dans une certaine mesure, le grand artiste ; mais c'est le grand artiste, à son tour, qui fait, dans une certaine mesure, la société à venir. Il est, à la fois, l'obligé et le bienfaiteur de l'humanité actuelle, surtout de son entourage. Et nous voyons ainsi, dans la production de la beauté, se manifester sous son double aspect, plus clairement encore, s'il est possible, que dans la contemplation du beau, la loi fondamentale de la solidarité des hommes dans le présent.

III

Dans la création artistique, comme partout ailleurs, la solidarité va plus loin. Elle rattache le présent au passé. Pour comprendre autant que possible une œuvre d'art, il ne faut pas tenir compte seulement du milieu où elle a paru, mais encore de la longue suite des traditions artistiques dont elle est toujours, en un sens, l'aboutissement. Le principe de l'évolution domine aujourd'hui le monde de la littérature et de l'art, comme le monde de la science. On a clairement reconnu qu'un lien de filiation régulière unit, au travers des siècles, soit les écoles, soit les genres. Et déjà, les esprits les plus rebelles à ces nouvelles idées sur la transformation lente de toutes choses s'occupent à démêler les lois du développement séculaire de l'humanité dans l'ordre littéraire ou artistique. On ne saurait ici nourrir la prétention de rivaliser avec eux, et pour bien des motifs. Il ne s'agit pas de tracer, en quelques traits de plume, une histoire générale de l'évolution des arts ou même simplement des genres littéraires. Peut-être sera-t-il permis, cependant, de noter, en psychologue surtout, les principaux modes de la descendance par laquelle chaque artiste, dans sa personnalité esthétique, procède de la lignée de ses devanciers.

La descendance, tout d'abord, peut être directe et se faire par voie de simple évolution. C'est, à ce qu'il semble bien, le cas le plus naturel et le plus fréquent. L'artiste se contente alors de suivre et de développer, dans son genre, les traditions préexistantes. Il va d'ordinaire plus avant que ses prédécesseurs, mais c'est toujours dans le même sens : il n'imprime pas à son art de franche et brusque orientation nouvelle. Il est le docile continuateur, tantôt servile et tantôt génial, d'une œuvre dès longtemps commencée. Il convient, en effet, de distinguer ici deux degrés fort inégaux dans la docilité.

Au plus bas répond ce qu'on pourrait appeler le « pur *traditionalisme* dans l'art ». Son caractère distinctif est d'être une simple imitation du passé, sans rien de profondément neuf et original. L'imitation peut être excellente et presque digne des modèles. Elle leur est du moins inférieure en ce sens qu'elle ne marque pas, à vrai dire, une conquête de l'espèce humaine dans le monde de la beauté. C'est une beauté peut-être admirable qu'on offre à notre contemplation, mais c'est une beauté connue.

« Le ruisseau, dit quelque part Sénèque, ne saurait remonter plus haut que l'endroit où il prend sa source. » Le pur traditionalisme est donc le propre des écoles ou des époques qui, dans l'art ou la littérature, n'ont qu'une valeur secondaire. On en trouverait un frappant exemple dans notre tragédie française au xviiie siècle. Elle n'est que le prolongement affaibli de celle du siècle précédent. Voltaire, dans *Zaïre* ou *Mérope*, nous rappelle trop Racine ou Corneille pour que nous ayons loisir d'accorder à son œuvre dramatique, malgré des mérites incontestables, un enthousiasme sans restriction.

Nos grands tragiques du xviie siècle furent bien, eux aussi, des continuateurs, en un sens. On sait combien d'inspirations directes ils n'ont pas craint de demander soit au théâtre ancien, soit au théâtre espagnol. Mais, sans rompre, il s'en faut, avec les traditions dramatiques, ils eurent soin cependant de réserver l'indépendance profonde de leur génie. Ils se *conformèrent* à l'esprit des antiques traditions du théâtre tragique ; ils n'eurent pas pour règle unique de les appliquer à la lettre. C'est pourquoi un Corneille et un Racine ont fait une œuvre intimement personnelle, et par là même éternelle. Ils

ont, suivant à leur manière une impulsion d'origine lointaine, dépassé tous leurs inspirateurs et
touché presque la perfection. Ils sont des représentants particulièrement illustres d'un mode
supérieur de développement par évolution qui
compte, de façon générale, des illustrations
nombreuses : c'est celui auquel conviendrait
peut-être le nom de « simple *conformisme* » artistique ou littéraire. On le voit prédominer souvent aux plus beaux siècles de la littérature ou
de l'art.

A la descendance directe par évolution s'oppose
la descendance indirecte par révolution. Bien
loin de se montrer docile aux traditions antérieures, l'artiste se révolte et part en guerre
contre elles. C'est, à l'égard du passé, un esprit,
non de respect, mais d'irrévérence qui l'anime.
Il prétend, quand il va jusqu'au bout de ses
tendances, ne plus rien conserver dans son
œuvre des œuvres précédentes de même espèce.
Volontiers, il prendra le contre-pied de celles-ci.
Il marche, instinctivement ou systématique-
ment, dans une direction toute contraire à celle
de ses devanciers. A l'en croire, les temps anciens sont finis : c'est une ère nouvelle qui commence, dont il est, comme de juste, le messie. Il
nous convie à contempler en lui le grand con-

tempteur d'hier et l'initiateur génial d'un demain
tout à fait insoupçonné. Ce n'est pas, d'ordinaire,
qu'il ait beaucoup plus d'orgueil ou de vanité
que les autres artistes. Il a simplement, à un très
haut degré, l'esprit de contradiction. Il dit
« non », tout naturellement, là où presque tous
les autres disent « oui ». C'est un homme dont
la tournure d'intelligence est telle que ses idées,
de préférence, s'associent par opposition, antithèse ou contraste. Telle est la vraie raison pour
laquelle son art fera, lui aussi, contraste avec
l'art antérieur, et se présentera comme une sorte
de protestation brusque et parfois véhémente
contre le passé. C'est ainsi que le drame roman-
tique a pris naissance, en grande partie, par antagonisme contre la tragédie classique à la
Ducis. Et peut-être, au point de vue psychologique, n'est-il pas sans intérêt de remarquer que
Victor Hugo, le grand révolté, le grand protes-
tataire du romantisme, est, en même temps, le
plus riche, le plus habile, le plus merveilleux
orfèvre d'antithèses que notre poésie française
ait jamais produit.

On le voit assez par l'exemple qui précède,
cette filiation artistique par contraste n'a, dans
ses résultats, rien de méprisable. On la relève à
des époques diverses de l'histoire de l'art, même

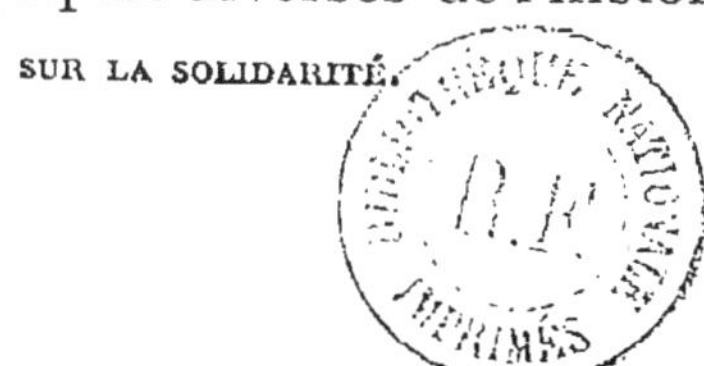

à de belles époques. Si pourtant on symbolise le développement artistique d'une société dans une de ces courbes chères à l'esprit abstrait et un peu simpliste des mathématiciens, c'est plutôt, semble-t-il, dans la partie descendante de cette courbe que se rencontreraient les cas de genèse indirecte par révolution. Guyau constate, à juste titre, qu'un désir manifeste de trancher brutalement ou de se singulariser est peut-être la marque la plus saillante et la plus visible des littératures décadentes (1). Elle éclate, par exemple, dans ce symbolisme ou cet impressionnisme poétique qui furent, un temps, à la mode parmi nous, et dont on est bien revenu. Or n'y faut-il pas voir la forme extrême et déjà pathologique de cette tendance qui a dressé même de grands artistes et de grands poètes contre les traditions jusque-là reçues ? Cette tendance générale a pour effet de souligner la personnalité artistique, de mettre en plein relief l'individualité, de la *singulariser*. Peut-être ne serait-il pas illégitime, en conséquence, de l'opposer, par le nom, au traditionalisme pur, son contraire, en l'appelant le « *singularisme* dans l'art ».

(1) Guyau, *L'Art au point de vue sociologique*, ch. xi, § 2.

Il reste enfin un mode particulièrement complexe de descendance artistique, c'est celui qui se
résume dans le terme « d'*éclectisme* ». La synthèse, ici, remplace l'antithèse de tout à l'heure.
L'artiste se réclame, ou tout au moins s'inspire
simultanément de diverses traditions et de diverses tendances. Il les fond dans une combinaison plus ou moins originale et heureuse, tantôt
un peu disparate en ses éléments, et tantôt, au
contraire, harmonieuse et une. La valeur de
l'œuvre dépend et des principes employés et
surtout de la puissance assimilatrice du génie
qui les emploie : entre la simple juxtaposition
et la fusion intime, entre le mélange qui laisse
subsister l'individualité des parties composantes
et la combinaison véritable qui produit un tout
nouveau, il y a, on le conçoit assez, une infinité
de degrés. Mais « l'*éclectisme* dans l'art » ne
donne de fruits durables que s'il y a vraiment
synthèse, au moins partielle, des multiples inspirations rapprochées, c'est-à-dire subordination
réelle des diverses traditions acceptées à un
principe d'unité qui n'est autre que la personnalité de l'artiste. Les exemples de ce genre ne
seraient pas difficiles à découvrir en France, à
notre époque. Le théâtre français contemporain,
— puisque aussi bien c'est du théâtre que nous

avons surtout parlé jusqu'à présent, — paraît être, par ses origines, un dérivé composite des tendances romantiques et classiques, pour n'en pas citer beaucoup d'autres. Il amalgame, à vrai dire, mille et mille traditions antiques, nationales ou étrangères. En cherchant bien, on relèverait dans telle pièce dramatique d'aujourd'hui tous les éléments les plus variés du monde littéraire ou artistique, depuis la danse et la peinture jusqu'à la conférence médicale ou jusqu'à la thèse philosophique. Ainsi trouve une confirmation vivante et imprévue cette doctrine des vieux sages de la Grèce que « tout est dans tout ».

Comment dire maintenant sans hésitation ni scrupule quelle est au juste la valeur ou la place de ce mode de filiation ? Caractérisera-t-il, dans l'art et la littérature, les bons siècles ou les mauvais ? Marque-t-il l'apogée ou la décrépitude ?... Qu'il suffise de noter que, dans nombre de cas, on le distingue malaisément de cet autre mode de descendance auquel nous avons donné le nom de simple conformisme. Celui-ci nous a paru fonder souvent le plus grand art. Que pourraient souhaiter de plus les artistes contemporains les plus férus de leurs mérites ?

Aussi bien, il ne faut pas se méprendre sur les distinctions qui précèdent. Elles sont des vues de l'esprit. La réalité les confirme sans y être absolument fidèle. En fait, il est extrêmement rare, et peut-être même impossible, de trouver des cas purs de ces diverses lois. Elles coopèrent, *in concreto*, dans des proportions différentes, à la genèse de chaque individualité artistique. Tout au plus peut-on dire que, suivant les occasions, c'est tantôt l'une et tantôt l'autre qui l'emporte dans l'assemblage.

Il n'importe guère, au surplus, du point de vue spécial où nous nous plaçons ici. Toutes ces lois sont, en effet, des manifestations, au même titre, de la solidarité artistique dans le passé. A cet égard, toute démonstration paraît superflue en ce qui concerne la descendance directe par évolution et la descendance composite par synthèse. Mais, lors même qu'un artiste forme et développe sa personnalité et son art par contraste avec l'art antérieur, c'est encore, quoi qu'il en semble aux observateurs superficiels, sur l'œuvre de ses devanciers qu'il s'appuie. Il les nie, donc ils ont existé et il les utilise. Il prend le contre-pied de tous leurs principes, donc il se guide sur leurs principes, dans un esprit d'opposition systématique seulement. La révolution a beau faire; elle est encore fille, en un sens, de ce passé abhorré, avec lequel elle

9*

rompt brutalement, et le gilet rouge de Gautier hurle, sans doute, avec la redingote de Ducis, mais il n'y est pas étranger et lui doit, au fond, quelque chose. Le traditionalisme à rebours est encore, à sa manière, un hommage à l'inévitable loi de la tradition largement comprise. Artiste ou littérateur, politicien même, nul, quelle que soit son originalité, n'échappe, parmi les hommes, à la nécessité de prendre appui sur les siècles antérieurs, parce que la loi fondamentale de l'humanité est la loi du temps. Et si la réflexion moderne fait descendre quelque peu Pégase de l'Empyrée et limite la liberté absolue et surhumaine de son essor, si elle nous montre l'art et la poésie rattachés en fait ou historiquement, par le bas, à un long et patient passé d'efforts, en même temps que, par le haut, aux pures et sereines régions de l'idéal, père de l'avenir, qui oserait dire que la poésie et l'art auront, en s'humanisant de la sorte, perdu la moindre parcelle de leur dignité, de leur noblesse, de leur prix infini ?

CHAPITRE II

LA SOLIDARITÉ SCIENTIFIQUE.

La science a pris, dans notre vie moderne, un rôle non moins important à coup sûr que celui de l'art, et peut-être plus manifeste et plus connu. Depuis trois siècles surtout, elle s'est élevée d'un merveilleux essor. Elle a successivement envahi tous les domaines, même ceux qui semblaient, tout d'abord, devoir lui rester fermés: monde de la matière, monde de la vie, monde de la pensée. Voici que son avant-garde pousse des pointes audacieuses dans des régions troublantes de mystère où seuls les sorciers d'autrefois auraient osé s'aventurer, non sans risquer le fagot. La science a changé du tout au tout les conditions de notre existence. Elle n'a pas seulement fourni la contribution la plus efficace à nos aises et à notre bien-être. Elle a servi, pour sa part, et cette part est considérable, les progrès de notre intelligence, de notre cœur même et de notre volonté. Elle est une des principales sources de notre bonheur matériel. Elle est, en outre, une des plus belles parures, un des plus précieux titres de gloire de nos sociétés civilisées. Or elle ne s'est formée et ne se développe encore que par la collaboration incessante des hommes. Elle est, par essence, une œuvre collective de l'humanité. C'est un fruit de la solidarité humaine.

I

Si la science est vraiment la grande souveraine de notre époque, il importe de bien reconnaître, en premier lieu, toute l'étendue de son empire. Il ne sera pas inutile, pour cela, de souligner, d'un trait rapide, sa haute valeur pratique, intellectuelle et morale.

La science est la connaissance des rapports nécessaires ou des lois qui régissent les phénomènes naturels. Car, dans la nature, si mobile, si variable, si capricieuse même, au premier regard, les faits, nous le savons maintenant, ne se produisent jamais au hasard, mais il y a des nécessités rigoureuses qui forcent chaque phénomène à suivre, en des conditions bien définies, tels autres phénomènes. Ce principe est celui du « déterminisme universel ». Avec celui du « doute méthodique », qui en est comme le contrepoids et le complément nécessaires, il forme la base indispensable de toute recherche scientifique, ainsi que le remarquait déjà Claude Bernard (1).

Aiguillonné et soutenu sans cesse par sa croyance profonde dans la nécessité naturelle, mais retenu dans la prudence et préservé contre toute affirmation précipitée par le principe du doute, le savant, peu à peu, en étudiant de près les choses, réussit à en découvrir les lois exactes. Il peut ainsi prévoir avec précision et certitude la production des faits, puisqu'il sait au juste dans quel ensemble de conditions chacun d'eux ne manquera pas d'apparaître. Il peut en outre discerner avec netteté le point sur lequel devront porter ses efforts, afin d'obtenir des forces naturelles un résultat déterminé. Savons-nous, par exemple, que les liquides, et l'eau en particulier, exercent sur les corps qui y sont plongés une pression égale au poids du liquide déplacé ? Nous serons, par là même, assurés d'avance qu'un corps plus léger que l'eau flottera à sa surface, au lieu de s'y enfoncer ; et il nous sera relativement aisé de conclure que, pour franchir les mers, il suffit de construire, soit en bois, soit même en fer, des vaisseaux dont le poids soit notablement inférieur à celui d'un

(1) Claude Bernard, *Introduction à l'étude de la médecine expérimentale.*

volume d'eau égal à leur tonnage. C'est ainsi que la science nous met, d'un même coup, en état de prévoir et de pourvoir, selon la formule connue. En nous révélant le secret des choses, dans une certaine mesure elle nous les livre à merci. De l'homme, si faible dans son corps par comparaison avec nombre d'autres êtres vivants, elle fait pourtant, par la suprématie de la pensée, le roi du monde. « Elle nous rend, disait Descartes, comme maîtres et possesseurs de la nature. » (1). Elle assure, jusqu'à un certain point, notre bien-être négativement et positivement.

Au premier de ces deux points de vue, elle nous permet d'éviter, ou tout au moins d'atténuer maints phénomènes naturels qui entraîneraient pour nous la douleur ou même la mort. L'hygiène et la médecine nous enseignent les moyens de prévenir les maladies ou de les guérir. La chimie nous met en garde contre l'action des poisons. La physique, par application des lois de l'électricité, a créé le paratonnerre et, de la sorte, préservé nos maisons contre les effets de la foudre. On voit assez que cette énumération pourrait être longtemps poursuivie.

(1) Descartes, *Discours de la méthode*, VIe partie.

Ce ne sont là que des avantages négatifs. La science nous en procure d'autres, positifs. L'hygiène, par exemple, ne garantit pas seulement la santé. Elle nous apprend à la fortifier et à développer nos forces physiques. Les sciences de la nature fournissent à l'ingénieuse industrie humaine tous ses aliments. Elles donnent lieu à des inventions pratiques chaque jour plus nombreuses, plus variées, plus admirables. Après la force élastique de la vapeur, dont nos pères furent émerveillés, c'est à présent la fée électricité qui est devenue notre servante (1). La physique a dompté le dragon devant les fureurs brusques duquel nos ancêtres de la montagne se contentaient de trembler, de gémir, de rêver et de se répandre en contes légendaires : elle tient en laisse le torrent ; elle le fait travailler pour nous ; et voici que la « houille blanche », descendue des glaciers, va peut-être détruire la

(1) Comme exemples particulièrement remarquables d'applications industrielles dans ce domaine nouveau de la science, citons deux projets tout récents. L'un reste encore à l'état de projet : c'est l'utilisation des forces motrices du haut Rhône à l'éclairage électrique de Paris ; l'autre, plus merveilleux pourtant que le premier, serait en voie de réalisation : c'est le transport de l'énorme énergie électrique développée par les chutes du Zambèze jusqu'aux mines d'or du Transwaal, à 1000 ou 1100 kilomètres de distance.

géhenne meurtrière des ouvriers de la houille noire : du monstre dévorant d'autrefois, la baguette magique de la science a fait un sauveur d'hommes. Ainsi, la connaissance progressive du monde extérieur nous assure constamment des commodités de vie nouvelles, des éléments nouveaux de confort (1). Elle met de plus en plus ces avantages à la portée des humbles et des pauvres. L'ouvrier d'aujourd'hui jouit, dans sa vie matérielle, de bien des raffinements qu'ignoraient les grands seigneurs du temps passé. Nos habitations sont plus agréables et plus saines que celles de jadis ; nos vêtements sont plus commodes ; notre alimentation est meilleure ; nos moyens de communication sont infiniment plus sûrs, plus rapides, plus étendus, moins coûteux. De tous ces bienfaits familiers mais, à la réflexion, inestimables, c'est au même bon génie que nous sommes redevables au fond, la science.

On a pu se demander pourtant si, en favorisant la satisfaction de nos besoins, la science était vraiment l'ouvrière de notre bonheur. On lui a reproché de multiplier sans fin les exigences du bien-être et du même coup les occasions de souf-

____

(1) Cf. Spencer, *De l'éducation*, ch. 1.

france, par les aises et les agréments dont nous gratifie sa générosité redoutable. Nos pères menaient, il est vrai, une vie rude et frugale ; mais, élevés à la dure, ils se contentaient de peu. Ils étaient parfaitement insoucieux de notre sybaritisme actuel, puisqu'ils l'ignoraient. Ils n'en sentaient donc pas le manque. Ils étaient, en définitive, plus heureux dans leur simplicité naïve et grossière d'existence que nous dans notre luxe. — On a soulevé contre la science un autre grief : on l'accuse d'être indirectement un principe de misère et de douleur pour certaines classes de l'humanité. Elle ferait, souverainement injuste, la joie des uns avec la peine des autres : ces machines, toujours plus puissantes et plus adroites, que l'âme de la science anime d'une sorte de vie propre, ôteraient aux ouvriers leur gagne-pain afin de donner aux riches le superflu.

Ce qu'il faut retenir de ce réquisitoire, c'est que la science ne produira pas d'elle-même, par une action automatique et fatale, le bonheur humain. Comment attendre d'elle ce miracle ? Elle tarit des sources de douleurs. Elle ouvre des sources nouvelles de plaisirs. Mais encore faut-il que les hommes aient l'art et prennent la peine de mettre à profit ces éléments négatifs ou positifs de félicité. La science ne nous dispense pas et ne saurait nous dispenser de cet effort sur nous-mêmes qui est nécessaire, avant tout, à la bonne discipline de nos désirs. Elle ne rend pas davantage inutile l'aspiration ardente, active et forte de tous les individus vers le juste, par laquelle seule pourrait se réaliser dans la société un bonheur vraiment général et réparti équitablement. La science donne à l'humanité les matériaux d'une vie plus sûre, plus intense, plus large. Mais c'est à l'humanité de les mettre en œuvre comme il faut, et de construire elle-même son bonheur, par ce moyen, à l'aide de la réflexion, de la sagesse et de l'effort moral. Notre bien-être lui-même sera toujours, pour une part, le fruit du bon vouloir et de la vertu. Il convient, non de s'en plaindre et de s'en prendre à la science, mais de s'en féliciter.

Il ne serait pas moins injuste et déraisonnable de demander à la science l'impossible. Si elle nous promet le triomphe sur la nature, c'est à l'expresse condition d'obéir à celle-ci. Le savoir ne peut, à coup sûr, nous permettre d'échapper aux lois nécessaires ; il nous permet seulement d'en tourner les inévitables effets à notre avantage. Si donc, comme nous avons tout lieu de le croire, c'est une nécessité naturelle que l'organisme des êtres vivants s'use, au bout d'un certain temps, par le jeu même de la vie, nous n'attendrons pas de la science qu'elle nous préserve à jamais de la mort. On a prêté ce fol espoir à Descartes. C'était faire tort gratuitement à un aussi bon esprit. Descartes avait, certes, une très haute idée de la valeur pratique de la science. Mais il n'escomptait pas, de son fait, une prolongation indéfinie de l'existence humaine. Il s'est contenté de dire que, par le progrès du savoir, « on se pourrait exempter d'une infinité de maladies tant du corps que de l'esprit, et même aussi peut-être de l'affaiblissement de la vieillesse (1). » On doit entendre par là qu'il y aurait peut-être moyen d'éviter scientifiquement ces incommodités, cette décrépitude, dont la vieillesse s'accompagne d'ordinaire. Mais que l'on puisse, à la faveur de la science, d'une part reculer sensiblement les bornes fatales de la vie, et d'un autre côté la conserver, jusqu'au terme inévitable, assez alerte et vigoureuse, n'est-ce pas là, sans tomber dans la chimère d'une immortalité impossible, une raison très suffisante à elle seule de dire que la science, sous le rapport pratique et utilitaire ou

(1) Descartes, *Discours de la méthode*, VI° partie.

par les avantages matériels qu'elle nous fournit, présente déjà la plus haute valeur ?

La science vaut par elle-même aussi bien que par ses résultats pratiques. Cette valeur intrinsèque et désintéressée, non moins grande et plus noble que la première, est une valeur intellectuelle. Par lui-même, le savoir donne satisfaction à notre intelligence. Il découvre les lois des choses ; il nous montre donc les raisons de celles-ci ; il nous met en état de comprendre et d'expliquer les phénomènes naturels. Or notre esprit est constitué de telle sorte que nous désirons connaître les raisons des faits, percer le mystère de leur production, en concevoir exactement le mécanisme. Quand même cette explication ne nous apporterait aucun avantage utilitaire, elle n'en serait pas moins, de notre part, l'objet d'un vœu profond. La curiosité purement spéculative des raisons, des causes ou des lois est si forte qu'elle suffit à nous gâter la jouissance des biens inexplicables ou inintelligibles à nos yeux. L'étonnant, l'incompréhensible nous est pénible, même si nous en profitons ; et la gêne qu'il nous cause peut, dans les cas extrêmes, nous paraître intolérable. Le besoin de comprendre devient sans cesse plus énergique et plus impérieux par le développement graduel de la pensée. Nous attachons un prix toujours plus élevé aux joies que la science tire de ce désir supérieur. Et c'est à juste titre, car le vrai savoir, ou la compréhension des choses est ce qui nous distingue le mieux des autres êtres vivants, et fait, dans la nature, la dignité spéciale de l'homme. Les animaux ne sont pas incapables de jouir, ni de souffrir comme nous ; mais ils ne sauraient, comme nous, s'élever à l'intelligence des lois naturelles. Voilà pourquoi, si forts et si terribles qu'ils puissent être, notre faiblesse instruite et réfléchie a réussi à tous les dompter. Abstraction faite de tout bénéfice matériel, nous devons donc tenir à la connaissance des lois ou à la science, dans la mesure même où nous tenons à vivre en hommes, et non en bêtes. D'elle-même, la science s'impose à notre estime par sa haute valeur intellectuelle.

Ce n'est pas à dire qu'elle ne donne à notre esprit que des satisfactions. Il faut bien l'avouer, elle a ses mélancolies et ses tristesses. Les pessimistes, à notre époque, se sont fait un jeu amer de les relever. La science explique par les lois, et rien que par ce moyen. Elle aboutit, de la sorte, à nous révéler dans le monde extérieur un immense enchaînement de faits qui se déterminent tous les uns les autres. La nature apparaît au savant comme un mécanisme titanesque, entièrement inconscient et insoucieux du bien ou du mal de l'humanité. A la lumière franche et crue du savoir positif s'évanouissent les mirages consolateurs ou séduisants dont nos pères, dans leur ignorance, avaient la ressource de s'enchanter. Il nous est impossible maintenant de voir dans la nature une mère empressée à notre bien. A la place de cette bienveillance que les regards superficiels ou prévenus des Anciens apercevaient au fond des choses, nous avons découvert l'indifférence absolue.

> « Œil d'Isis, c'est donc toi, mystérieuse étoile,
> Où l'Égypte plaçait l'âme des bienheureux,
> Sirius ! — La déesse a relevé son voile :
> Une forge géante apparaît dans les cieux » (1).

La science a dépeuplé le monde de tous ces génies gracieux et bienfaisants dont l'avait à plaisir rempli la libre imagination de nos ancêtres. Nous avons exploré le ciel, et nous l'avons trouvé aveugle et sourd. Nous avons, à présent,

______

(1) Guyau. *Vers d'un philosophe*. L'analyse spectrale. Voir aussi dans le même recueil la pièce intitulée : Genitrix hominumque deûmque.

> ..... Nature..
> ..... Es-tu vraiment la grande indifférente,
> Étrangère à la joie, igorante des pleurs,
> Qui de la même main, nourrice mercenaire,
> Nous berce tous, vivants ou morts, sur ses genoux ?

de trop bonnes raisons de dire : « le silence
éternel de ces espaces infinis m'effraie ! » L'antique et flatteuse conception d'un univers préparé
pour l'homme nous fait aujourd'hui sourire avec
un peu de pitié et beaucoup de tristesse.

Mais si, par la science, l'intelligence humaine
a souffert, en effet, et souffre encore de ses naïves
illusions perdues, si la représentation positive du
monde laisse dans notre âme une incontestable
impression de désenchantement et de solitude,
il n'en faut pas, avec le pessimisme outré, tirer
prétexte de condamner la science. Même si elle
devait être irrémédiable et définitive, cette tristesse aurait sa grandeur. Admettons-le, nous
serions à jamais blessés, dans les fibres profondes
de notre cœur, à voir les choses telles qu'elles
sont. Mais n'est-ce rien de pouvoir se dire qu'on
connaît à tout le moins la réalité vraie ? Si morne
et si désolante qu'elle soit par ses conséquences,
la vérité ne garde-t-elle pas en elle-même toute
sa noblesse et tout son prix ? La science procure à notre raison un contentement intime et
nullement méprisable, quand elle lui donne, par
le mécanisme naturel chaque jour mieux révélé,
l'explication positive des phénomènes. Seulement, cette idée du mécanisme paraît un peu
sévère à nos esprits longtemps nourris de fina-

lité. Laissez-leur le temps de se familiariser avec cette notion nouvelle. Ils ont besoin de s'y accommoder. Quoi de surprenant ? Qu'ils travaillent à l'accepter par un effort viril. Et peut-être reconnaîtront-ils aussi, après le premier émoi et les exagérations ordinaires du début, que la science positive, à elle seule, n'épuise pas toute explication et toute pensée. On doit commencer par elle, mais rien n'empêche d'aller plus loin. Quand la science a rendu compte des phénomènes par le moyen des lois, la réflexion proprement philosophique creuse le tuf et s'interroge sur le fond dernier des choses. Or, si elle n'y trouve pas ces génies beaux et bienveillants que rêva l'innocence antique, elle y découvre du moins, semble-t-il, assez de traces de l'esprit, pour que nos esprits à nous ne se sentent pas isolés et comme perdus dans l'univers. Ainsi, la mélancolie de la science serait un mal provisoire. La lumière pure de la vérité ne blesserait que pour un temps les regards humains que, par son premier éclat, elle éblouit. Elle se ferait plutôt joyeuse, chère à notre cœur aussi bien qu'à notre esprit, à mesure qu'elle deviendrait plus coutumière et plus pénétrante. Aux larmes d'Héraclite succéderait spontanément, sinon le rire un peu gros et naïf encore de

Démocrite, du moins la sérénité sage, belle, presque divine, du masque d'un Platon.

Enfin, le prix de la science s'accroît, à nos yeux, de sa réelle valeur morale. La science, à elle toute seule, ne fait certes pas la vertu. Elle peut être employée au mal comme au bien. Jamais la simple connaissance des lois naturelles ne tiendra lieu de la conscience et du bon vouloir ; jamais le pur savoir positif ne sera un guide suffisant de la vie et ne rendra inutiles les règles rationnelles de la morale. Pourtant, il y a déjà une vertu moralisatrice dans la science. Celle-ci nous achemine à la moralité, et par les habitudes qu'elle développe dans l'âme, et par les vérités qu'elle lui découvre.

Se livrer à la recherche scientifique, c'est considérer les choses, non dans leurs rapports avec nos besoins individuels ou nos satisfactions propres, mais dans leurs relations objectives et nécessaires les unes avec les autres. Le savant se demande ce que sont les choses en elles-mêmes, à quelles lois elles obéissent réellement, et non ce qui, en elles, répond à ses désirs ou à ses intérêts personnels. Pour réussir dans cette poursuite d'un savoir désintéressé, il faut y procéder avec désintéressement. On doit mettre de côté tout esprit de lucre, cela va de soi, mais aussi toute vanité et tout amour-propre. On doit avoir la force de résister aux suggestions trompeuses de la passion et du sentiment aussi bien que de l'égoïsme. La science nous apparaît ainsi comme une œuvre de discipline des énergies intérieures, une œuvre de détachement, de désintéressement, d'abnégation. N'est-ce pas dire qu'elle enveloppe une véritable moralité ?

Puis, elle est propre à favoriser notre progrès dans le bien par les saines idées qu'elle nous fournit. Au fond, le contenu du vrai savoir est moral, en un sens, au même titre que sa forme. Le plus grand ennemi de la vertu, c'est l'égoïsme. L'homme immoral ou vicieux par excellence est celui qui rapporte tout à soi, qui s'imagine que le monde entier gravite autour de sa chétive individualité personnelle, et que, par suite, tout, dans le monde, peut et doit être sacrifié à son bien-être propre et à ses commodités. Or cette illusion égoïste, mère de toutes les fautes, est possible chez l'homme qui se fait de l'univers la conception incomplète et mesquine dont se contente la pensée vulgaire. Mais combien l'erreur radicale de l'égoïsme devient plus difficile, quand la science astronomique, d'une part, nous a dévoilé l'immensité du monde dans l'espace, et que la science micrographique, d'autre part, nous a ouvert le monde des infiniment petits ! Eh quoi ! tant d'astres énormes, qui gravitent à des millions et à des milliards de lieues de nous, si loin que nos regards ne les atteignent même pas, auraient-ils pu être faits uniquement pour nous, qui tenons, individuellement, si peu de place à la surface de notre petite terre, et dont les quelques années de vie semblent comme un clignement d'yeux ou comme un éclair, au regard de l'immense durée de certaines révolutions sidérales ? Et quand, dans une simple goutte d'eau, nous avons découvert, au microscope, un nouvel infini, non moins varié peut-être que celui des cieux, si nous venons à songer aux myriades d'existences que berce dans son sein l'Océan, à la surface duquel le plus puissant navire se perd comme un fétu, pourrons-nous sincèrement persister à croire que rien n'existe au monde que pour nous, ou dans notre intérêt personnel ? Descartes, dans sa sagesse, le remarquait déjà : la science, en nous inspirant une appréciation plus exacte de la vraie richesse et de la vraie grandeur de l'univers, travaille involontairement à nous y mettre à notre place. Elle nous donne une précieuse leçon d'humilité et de modestie. En nous révélant notre dépendance par rapport aux choses et aux autres hommes, elle nous enseigne en outre la solidarité. Sans doute, on ne peut dire qu'elle nous guérit sûrement de l'égoïsme ; mais elle le bat en brèche ; elle arme puissamment contre lui notre raison et notre bon vouloir. Si le progrès moral n'est pas et ne saurait être la simple résultante du progrès et des découvertes scientifiques, du moins en est-il un plausible résultat.

II

Cette science, élément fondamental de notre bien-être, de notre dignité intellectuelle et de notre moralité même, essayons de bien voir, maintenant, quel concours et quelle longue suite d'efforts elle suppose. Pour cela, considérons tout d'abord la science dans son état présent.

Telle qu'elle existe aujourd'hui, elle comprend, comme on sait, un très grand nombre de sciences particulières et diverses. Calcul infinitésimal, algèbre, arithmétique, géométrie, trigonométrie, mécanique, astronomie, physique, chimie, physiologie générale, botanique, zoologie, psychologie, économie politique, linguistique, histoire, science des religions... Tout interminable qu'elle paraisse, cette liste est très incomplète. Ampère, il y a un siècle environ, distinguait, dans sa classification, 128 sciences spéciales, qui toutes, il est vrai, n'étaient pas encore, en fait, constituées. Ce nombre, depuis, n'a pu que s'accroître, car le progrès en spécialisation est une des lois les plus certaines du développement scientifique.

A l'intérieur de chaque science, nous voyons chacune des parties dont elle se compose s'acheminer peu à peu vers l'état de science distincte. En physique, la théorie de la chaleur, celle de la lumière ou de l'électricité, tendent à s'établir à part, comme des organismes indépendants de connaissances. Enfin, dans chacune de ces sciences élémentaires en voie de formation, les savants se spécialisent volontiers dans des besognes appropriées à leurs tendances et à leurs aptitudes respectives. Les uns, de préférence, se chargeront des observations ; les autres, des calculs (1). Les uns inventeront des

(1) On ne doit pas — il est presque superflu de le noter — prendre trop à la lettre ces affirmations. A notre époque, l'observation scientifique ne va guère sans le calcul ; l'hypothèse est toujours suivie de quelque vérification expérimentale : autrement, l'inventeur de l'idée nouvelle n'oserait pas s'y arrêter. La division du travail n'aboutit pas, dans une même science, à une séparation complète et, à vrai dire, inconcevable des fonctions élémentaires, mais, tout au plus, à la prédominance caractérisée d'une de ces fonctions dans l'œuvre de chaque individualité savante, surtout des plus remarquables.

hypothèses, des théories, des méthodes nouvelles ; les autres contrôleront ces hypothèses expérimentalement, confronteront ces théories avec les faits, appliqueront ces méthodes originales à différents cas particuliers. Pour ne prendre d'exemple que parmi les morts, le rôle d'un Pasteur, en chimie et en médecine, est évidemment tout autre que celui des nombreux disciples qui ont suivi les pas du maître (1). Celui-ci avait frayé des chemins inconnus ; ceux-là se sont contentés d'y marcher derrière lui. Le premier avait eu l'idée géniale de la microbiologie ; les seconds ont développé cette idée. L'un fut un initiateur audacieux ; les autres, des continuateurs habiles et fidèles. Ils furent comme les ouvriers de ce grand architecte. La part de l'ouvrier est moins brillante, à coup sûr, que celle de l'architecte. Elle n'est pas, au fond, moins utile.

(1) Tandis que s'imprime ce livre, un coup soudain met en deuil la science humaine tout entière et lève en partie le scrupule qui nous empêchait de joindre ici d'autres noms à celui de Pasteur. M. Marcelin Berthelot vient de mourir, le 18 mars 1907, foudroyé par la douleur, quelques instants après le décès de sa femme Cette mort ajoute un dernier trait de tendresse touchante et de grâce morale à la physionomie du grand savant ; elle achève en émouvante beauté cette figure qui restera, — on s'en voudrait, à présent, de ne pas le dire, — comme une des plus nobles et des plus admirables du xixe siècle.

Ainsi, non seulement des sciences très nombreuses se partagent, à notre époque, l'étude de la nature ; mais, au dedans même de chaque science spéciale, des savants très nombreux se distribuent, à leur tour, la besogne de recherche. Il se produit de plus en plus, dans le savoir positif, une division du travail semblable à celle que nous avons déjà noté dans la vie économique. Et dans ces deux domaines, la même cause, c'était à prévoir, entraîne le même effet.

Sous le régime de la coopération complexe en matière industrielle, les producteurs, de plus en plus spécialisés, peuvent de moins en moins se passer les uns des autres ; semblablement, la spécialisation et la fragmentation croissantes du travail scientifique resserrent de façon graduelle les liens de solidarité entre savants. Les spécialistes, de toute nécessité, doivent s'entr'aider sans cesse. Ils se complètent mutuellement. Car la science, démembrée en tant de parties diverses, reste une, dans son fond, comme la nature dont elle veut rendre compte, et l'esprit qui en découvre l'explication. — Dans chaque science particulière, le savant, enfermé de plus en plus exclusivement dans une tâche élémentaire, observation, expérimentation, invention des théories ou calcul (1), ne saurait se dispenser de recourir aux secours des autres savants chargés des autres tâches. — En outre, les différentes sciences sont forcées, à vrai dire, d'entretenir les unes avec les autres un incessant commerce de bienfaits. Comment la médecine ne ferait-elle pas appel constamment à l'aide de la chimie ; la chimie, à celle de la physique ; la physique, à celle de la mécanique et des mathématiques ? Dans le vaste corps de la science moderne, chaque science spéciale est comme un organe qui ne peut vivre et se développer que par le concert de tous les autres ; et, bien que cette comparaison ne doive pas être forcée, chaque savant est comme une cellule, ou un élément anatomique, qui, pour sa faible part, assure et met à profit en même temps la vie de l'organe d'abord, ensuite celle de l'organisme tout entier.

III

Si nous envisageons la science, à cette heure, non plus dans son état présent, mais dans son devenir ou dans son passé, nous verrons sans peine qu'elle a conquis avec lenteur ses richesses

(1) Pour les restrictions nécessaires, se reporter à la note précédente, page 121.

actuelles, par les efforts successifs de maintes générations. Entre la science des anciens Grecs, qui logeait tout entière dans la tête d'un Aristote, et notre science contemporaine, quelle disproportion dans l'ampleur ! Mais aussi, que de vies humaines, depuis Aristote et surtout au cours des trois derniers siècles, ont été consacrées à la science ! Si nous considérons, au lieu de la science en général, une simple science particulière, comme la géométrie ou l'astronomie, combien de géomètres, après Pythagore et Euclide, ont dû accumuler leurs découvertes, chacun utilisant les conquêtes de ses devanciers pour en réaliser d'autres, avant que la géométrie parvînt au point où nous la voyons aujourd'hui ! Depuis les premiers pasteurs de la Chaldée qui s'avisèrent, en paissant leurs troupeaux, d'observer les mouvements des astres, pour ne citer que les Pythagore, les Ptolémée, les Képler, les Copernick, les Galilée, les Newton, les Laplace, les Le Verrier, les Herschell, combien d'illustres noms ne trouverions-nous pas, sans parler de la foule obscure des collaborateurs anonymes (1), parmi les fon-

(1) A cet égard, il conviendrait, on l'a justement remarqué, d'établir une distinction entre l'art et la science. Celle-ci, bien plus encore que celui-là, nécessite la collaboration de la multitude. Elle est, en ce sens, plus démocratique : l'histoire, aussi bien que l'observation des faits et

dateurs de notre science astronomique actuelle ? La science est un édifice immense et somptueux qu'une seule génération et à plus forte raison un seul homme ne saurait bâtir. Chaque savant doit y apporter sa pierre. Chaque génération, continuant l'œuvre des générations antérieures, doit l'exhausser ou l'embellir un peu plus.

Tel philosophe novateur, comme Descartes, a pu dire que la science de son temps, ouvrage incohérent de maints ouvriers inexpérimentés ou inhabiles, offrait moins de régularité, de solidité et de perfection, que si elle avait été cons-

la réflexion philosophique, justifieraient aisément cette affirmation.

« La science moderne, pour progresser, a besoin de se populariser .. Tandis que l'art ne souffre pas la médiocrité, la science peut s'appuyer sur elle ; chez tous elle peut rencontrer des collaborateurs... L'art peut rester très facilement aristocratique, la science, elle,... est égalitaire, elle a besoin des foules, elle a besoin de s'appeler légion. Sans doute un petit nombre de génies dominateurs sont toujours nécessaires pour mener le travail, embrasser l'ensemble des matériaux apportés, les distribuer, s'élever aux inductions imprévues. Mais ces génies, trop isolés, seraient impuissants. (Guyau, *Irréligion de l'avenir*, IIIᵉ partie, ch. II. p. 345.)

Cette impuissance des individualités isolées, même quand elles sont très supérieures et très fortes, tient, en dernière analyse, à la nécessité fondamentale de l'expérience dans la science telle que nous la comprenons aujourd'hui ; c'est une vérité qui n'avait pas échappé à Descartes, on le notera plus loin.

truite par les soins d'un architecte unique (1). Il a pu faire l'audacieux projet de reconstruire lui-même, sur des fondements nouveaux, la science tout entière. Descartes cependant n'a pas, comme il le croyait, complètement rompu avec le passé. Jusque dans son effort réformateur, il bénéficiait, à son insu, de l'expérience et de la sagesse des siècles. La science une fois réformée dans son principe, Descartes était d'ailleurs le premier à dire qu'elle ne pourrait se développer que par la coopération des hommes. Se rendant compte de la brièveté de la vie individuelle et de la difficulté ou mieux de l'impossibilité pour chaque homme de faire tous les raisonnements et toutes les expériences nécessaires, il jugeait : « qu'il n'y avait point de meilleur remède contre ces deux empêchements que de communiquer fidèlement au public tout ce qu'il aurait trouvé, et de convier les bons esprits à tâcher de passer plus outre, en contribuant, chacun selon son inclination et son pouvoir, aux expériences qu'il faudrait faire, et communiquant aussi au public toutes les choses qu'ils apprendraient, afin que les derniers commençant où les précédents auraient achevé, et ainsi joignant les vies et les tra-

(1) Descartes, *Discours de la méthode*, IIe partie.

vaux de plusieurs, ils allassent tous ensemble beaucoup plus loin que chacun en particulier ne saurait faire » (1).

N'est-il pas bien remarquable que Descartes, le revendicateur des droits de la raison personnelle, le père de ce qu'on pourrait appeler « l'individualisme intellectuel », ait eu lui-même un sentiment aussi net et aussi profond de la nécessité d'une collaboration incessante des générations successives à l'œuvre scientifique ? Bacon avait dit, avant lui, que la vérité dans les sciences est la fille du Temps : *veritas filia Temporis* (2) La science naît, en effet, non sans doute des siècles eux-mêmes, mais des efforts des hommes prolongés au travers des siècles. Elle représente toutes les acquisitions capitalisées des générations humaines dans l'ordre intellectuel. Elle est le patrimoine commun et le plus précieux de l'humanité, trésor inestimable auquel il est juste que chacun puise, parce que chacun l'enrichit.

IV

Pour bénéficier de cette richesse supérieure, produit du travail collectif, il n'est pas indispen-

(1) Descartes, *ibid.*, VIᵉ partie.
(2, Bacon, *Novum organum*, aph. 84.

sable, au surplus, de recevoir une culture proprement scientifique. Sans doute l'étude spéciale
de la science nous met à même d'en tirer meilleur profit. Mais nous participons aux bienfaits
du savoir par le fait seul de la naissance. Non
seulement nous jouissons, dès le début de la vie,
de toutes ces commodités matérielles que la
science a déjà su ménager aux hommes, mais
encore nous héritons naturellement de cette
relative supériorité intellectuelle qu'elle leur a
procurée. D'une part, nos cerveaux, assouplis et
façonnés d'avance par des siècles de travail
scientifique, sont, en raison de l'hérédité, plus
aptes que ceux de nos ancêtres à se plier aux
exigences et à la discipline de la science. D'autre
part, les idées scientifiques sont comme répandues dans l'air que nous respirons. De bonne
heure, sourdement, elles envahissent de toutes
parts notre esprit. Elles y pénètrent d'elles-
mêmes, ainsi que l'air dans nos poumons, mais
par des voies plus nombreuses, plus variées et
plus subtiles. Les conversations les moins scientifiques en apparence, les lectures même frivoles, la vue et l'usage des machines construites
par l'industrie sur les données de la science,
leur servent de véhicules journaliers. Il nous
suffit d'apprendre notre langue maternelle pour

nous mettre au courant, un peu, des acquisitions déjà faites par la science, car les mots sont comme autant de vases, humbles ou précieux, frustes ou ciselés, où les hommes ont versé, pour la conserver et la transmettre, l'essence séculaire de leur savoir.

C'est ainsi que la science de nos pères imprègne profondément notre esprit dès les premiers temps de notre existence, bien avant qu'il nous ait été donné de l'étudier et de nous l'assimiler en détail par la réflexion. C'est ainsi que l'inexpérience de l'enfant est aujourd'hui pétrie d'une longue expérience ancestrale et d'un lointain savoir. Le tout petit écolier de notre époque est déjà mieux renseigné sur les choses que les plus grands savants de l'antiquité, simplement parce qu'il a eu la chance de venir au monde longtemps après eux : tel, un nain, juché sur les épaules d'un géant, voit plus loin que lui. Aussi devons-nous prendre garde de nous trop enorgueillir personnellement de notre savoir et de notre intelligence. Si patients et si féconds qu'aient été nos propres efforts de recherche et d'explication, à coup sûr nous n'en saurions pas aussi long et nous ne comprendrions pas tant de choses, si d'autres hommes sans nombre n'avaient, depuis le berceau même de l'humanité, travaillé de l'esprit pour nous, et si d'autres hommes encore, tout autour de nous, ne continuaient sans relâche cette œuvre sacrée de collaboration intellectuelle d'où sort la vérité (1). Une pensée individuelle ne porte jamais des fruits beaux et savoureux, que pour s'être nourrie et gorgée de toute la sève obscure de la pensée humaine.

(1) Pour faire pendant aux doctrines sociologiques et solidaristes déjà signalées sur l'essence même de la vie, du beau et de l'art, indiquons d'un mot, en terminant, une conception exactement correspondante sur la nature intime de la vérité. On la trouverait marquée d'un trait fort bref mais assez clair déjà dans cette phrase de l'*Esquisse d'une morale sans obligation ni sanction* : « La vérité est une synthèse... elle consiste dans une solidarité de toutes choses. » (Ch. ii, § 2, p. 66-7, 2ᵉ édition.)

CHAPITRE III

LA SOLIDARITÉ MORALE (1).

S'il est un bien que nous soyons tentés de
regarder comme nous appartenant en propre,
c'est assurément notre vertu. La vertu réside, en
effet, au cœur même de l'être, dans le sanctuaire
le plus intime de la volonté, là où ne pénètrent
pas, semble-t-il, les influences étrangères. Elle
émane des sources profondes de la personnalité.
Elle est toute personnelle. Elle ne saurait même
avoir un autre caractère, puisque, ne relevant
plus alors de notre responsabilité propre, elle
perdrait sa valeur essentielle, qui est morale.
C'est à nous, et à nous seuls, que revient le soin
de nous élever plus ou moins haut sur l'échelle
de la moralité. Toutes nos autres supériorités
peuvent, nous y consentons, être de simples
dons du hasard, de la fortune, de la naissance, des circonstances, des autres hommes,
bref, de l'ensemble des puissances extérieures

(1) Cf. Marion, *De la Solidarité morale.*

à nous. Mais notre supériorité morale du moins doit avoir son principe uniquement en nous, dans cette puissance tout intérieure et inviolable qu'on appelle notre libre vouloir. C'est de nous seulement qu'il dépend d'être vertueux. Autrement, il n'y aurait plus aucune raison de nous prescrire la vertu comme une fin obligatoire. — Telles sont les apparences. Tout autre est la vérité, car jusque dans notre moralité individuelle ou notre vertu, nous relevons, quoi qu'il en semble, et de nos ancêtres, et de nos parents, de nos maîtres, de nos éducateurs en général, et enfin des autres hommes au milieu desquels nous vivons.

I

Notre moralité comprend des éléments intellectuels et des éléments affectifs, ou, en termes plus simples, des idées et des sentiments. L'homme supérieur moralement est celui qui conçoit d'abord par l'intelligence la fraternité, la justice, la dignité personnelle ; mais chez qui ces hautes notions, au lieu de rester à l'état d'idées pures, comme flottantes à la surface de l'esprit, s'enfoncent jusqu'au cœur, se mêlent à sa substance et, de la sorte, imprègnent toute la vie. La vertu suppose à la fois la connaissance de la vérité morale et l'amour profond, sincère et actif de cette vérité.

Or, nous le savons déjà, l'individu ne saurait atteindre par son unique effort à la possession de la vérité. La science se forme lentement par le labeur ininterrompu des générations successives. Il en est de la science morale comme des autres. Les préceptes de vie les plus simples et les plus clairs à nos yeux ont été découverts à la longue. Il fut un temps où ils étaient méconnus ou ignorés. Il suffit, pour s'en rendre compte, de comparer, même très sommairement, nos idées morales d'aujourd'hui à celles des anciens Romains par exemple. Ils admettaient l'esclavage, et nous le condamnons formellement ; ils accordaient au père de famille une autorité despotique ou sans limite sur ses enfants, une autorité à peu près souveraine sur sa femme ; nous disons que la puissance paternelle trouve des limites nécessaires dans l'intérêt légitime des enfants, et tout en conservant au mari, pour des raisons d'ordre social, une certaine supériorité civile sur la femme, nous affirmons de plus en plus hautement, nous nous efforçons de réaliser de mieux en mieux la parfaite égalité morale de l'époux et de l'épouse dans le mariage. C'est que, depuis l'antiquité romaine, les hommes ont acquis de l'expérience et de la réflexion. Le progrès des idées morales est, comme le progrès de la connaissance proprement scientifique, l'œuvre collective de l'humanité. La première de ces deux grandes tâches n'est ni moins difficile, ni moins longue que la seconde, il s'en faut. Ces belles notions pratiques de justice, de fraternité, de dignité, qui forment le fonds commun et comme la substance de la conscience contemporaine, ont été péniblement élaborées, au cours des siècles, par les peuples civilisés. Nous héritons naturellement de ce trésor. Ces idées pénètrent, dès le début, nos intelligences individuelles, intérieurement par l'hérédité des aptitudes intellectuelles, extérieurement par le spectacle et l'action directe d'une société où ces concepts ont déjà pris corps sous forme de lois positives ou d'institutions. Elles entrent si profondément dans la structure de nos esprits que nous sommes tentés d'y voir l'apanage purement inné de toute raison humaine. Gardons-nous de croire pourtant que nous aurions conçu ces notions avec autant d'exactitude et de netteté, si nous n'avions pas eu la chance de naître en notre pays et en notre temps, si nous avions vu le jour, par exemple, dans les premiers siècles,

grossiers encore, de la civilisation romaine, ou
même aujourd'hui, dans quelque peuplade
sauvage du centre de l'Afrique.

Ce n'est pas seulement de nos idées morales
que nous sommes, dans une large proportion,
redevables à nos ancêtres ; c'est encore de ces
autres principes essentiels de notre vertu, les
sentiments moraux. La sensibilité humaine
s'enrichit et s'affine petit à petit, au cours des
siècles ; nous avons eu déjà l'occasion de le remarquer à propos de l'art. De même que l'humanité a par degrés conquis l'amour vif et
délicat de la nature, dont s'inspirent, à notre
époque, tant d'œuvres littéraires ou artistiques ;
de même, elle ne s'est élevée que par une ascen-
sion séculaire vers les cimes lumineuses de la
justice et de la fraternité. Le sentiment du juste
a pris, à la longue seulement, toute sa suscep-
tibilité et toute sa force. Aujourd'hui, un abus
de pouvoir tel que celui du patron qui voudrait
imposer à ses ouvriers soit ses propres opinions
et croyances, soit ses propres négations systé-
matiques, ne choque pas simplement notre raison,
son, instruite des droits de l'homme, il révolte
en outre notre cœur, épris de ces mêmes droits.
Un Aristote, dans l'antiquité, voyait, sans en
être péniblement ému, les citoyens d'Athènes

employer, comme des bêtes de somme, aux plus rudes besognes matérielles de la Cité, des Barbares esclaves, hommes pourtant comme eux. Ne nous hâtons pas d'en conclure qu'Aristote nous était moralement très inférieur. Non. Mais il était de son temps, malgré toute sa philosophie, d'un temps où les sentiments de justice et de fraternité humaine étaient loin d'avoir acquis toute l'extension qu'ils devaient prendre plus tard, sous l'influence surtout des doctrines stoïciennes et du christianisme.

Et après que les tendances généreuses de charité universelle eurent commencé à se faire jour dans le cœur des hommes, avec quelle lenteur ne se développèrent-elles pas ? Mme de Sévigné, dans quelques-unes de ses lettres, raconte sur un ton léger, presque badin et plaisant, les cruelles exécutions faites en Bretagne par le duc de Chaulnes, parmi les paysans révoltés (1). Ces pauvres Bretons pendus n'éveillent pas du tout la pitié de la marquise. Une telle insensibilité

(1) Mme de Sévigné, *Lettres* :

Des Rochers, mercredi 16 octobre 1675 : « M. de Chaulnes est à Rennes avec les Forbin et les Vins, et quatre mille hommes : on croit qu'il y aura bien de la *penderie…* »

Des Rochers, dimanche 3 novembre 1675 : « … Les rigueurs s'adoucissent ; à force d'avoir *pendu*, on ne *pendra* plus. »

nous surprend et même nous scandalise, de la part d'une aussi bonne mère et d'une âme par ailleurs si tendre. Cet étonnement n'est pas sans naïveté, ni cette indignation, sans injustice. Nous jugeons Mme de Sévigné avec notre conscience de Français du xxe siècle, vivant plus de cent ans après la Déclaration des droits de l'homme et du citoyen, ayant bénéficié du grand mouvement philanthropique qui sera le plus beau titre de gloire de notre âge. Mais si nous étions nés au temps de Louis XIV ou de Louis XIII, dans les mêmes conditions sociales que la marquise, sans doute n'aurions-nous pas fait preuve d'une humanité très supérieure à la sienne. A cette époque, les marquis, en France, ne s'étaient pas encore avisés, dans leur esprit et dans leur cœur, que les manants fussent de même essence qu'eux. Actuellement, n'éprouvons-nous pas quelque peine à nous croire et à nous sentir frères en tout point d'un nègre ou d'un Chinois? Et quand, par un progrès nouveau, dès maintenant facile à prévoir, le sentiment de la fraternité humaine aura triomphé des plus grandes antipathies de races, nos arrière-neveux, à leur tour, ne seront-ils pas vraisemblablement choqués de cette attitude de quasi-indifférence, sinon d'hostilité, que beaucoup d'hommes civilisés estiment encore, dans leur for intérieur, toute naturelle et très légitime à l'égard des sauvages?

Si nos sentiments l'emportent, en finesse et en générosité, sur ceux de nos pères, il ne nous convient donc pas de nous en glorifier avec un orgueil intempérant. Nos pères eux-mêmes ont bien quelque mérite dans cette supériorité dont nous nous vantons. Notre vertu est fille et héritière de la leur. Si nous valons vraiment mieux qu'eux, par le cœur ainsi que par l'esprit, c'est à la faveur des richesses qu'ils avaient patiemment acquises et qu'ils nous ont léguées, soit dans l'ordre de la vérité morale, soit dans celui de la délicatesse de conscience.

II

Notre moralité individuelle est, en grande partie, celle de nos ancêtres. Elle est, pour une autre part, non moins importante, celle de nos parents, de nos maîtres, de nos éducateurs en général (1).

(1) « Le remède aux conséquences nuisibles de l'hérédité, c'est-à-dire de la solidarité avec la race particulière dont nous provenons, c'est, écrit Guyau, notre solidarité avec l'espèce humaine actuelle... Chaque individu, par la série d'actes qui constituent la trame de sa vie et qui finissent par se coordonner pour ses descendants en habitudes

La vie humaine est beaucoup plus complexe que celle des animaux les plus parfaits. Cette complexité frappe la vue et dans notre existence matérielle et surtout dans notre existence morale. Elle entraîne un effet remarquable. Tandis que les animaux, en majorité, sont à peu près capables de faire par eux-mêmes, dès leurs premiers jours, tout ce qu'ils auront à faire par la suite, nous sommes, nous, obligés d'apprendre avec lenteur, sous la direction d'autres hommes, la

héréditaires, déprave ou moralise sa postérité, de même qu'il a été moralisé ou dépravé par ses ancêtres. »

(Guyau, *Éducation et Hérédité*, 1re partie, ch. I. La Suggestion et l'Éducation comme modificateurs de l'hérédité, § III, fin.)

On remarquera dans ce passage, non pas seulement le caractère bilatéral de la loi de solidarité, en vertu duquel il y a nécessairement échange d'action entre la collectivité et l'individu; mais encore l'antagonisme possible et même ordinaire, au sein de l'être individuel, entre la solidarité par rapport au passé et la solidarité par rapport au présent. La première se résume dans le terme d'hérédité; la seconde, dans le terme d'éducation, au sens le plus compréhensif de ce mot. La réaction continuelle de ces deux grandes forces l'une sur l'autre nous permettrait, à elle seule, de comprendre que l'individu n'est le simple produit fatal ni de sa race, ni de son milieu, puisqu'il se rattache également à ces deux principes. Nous entrevoyons du même coup cette vérité fondamentale que la liberté n'est pas inconciliable avec la solidarité.

Cf., sur le même sujet, Guyau, *la Morale anglaise contemporaine*, 3e édition, p. 326 à 332, longue note, très intéressante.

plupart des opérations corporelles et surtout mentales, dont se composera notre vie. Sans doute, il ne faudrait pas exagérer les deux opinions précédentes. Il y a des actes que l'enfant sait accomplir dès la naissance, instinctivement : ceux dont l'exécution est nécessaire au jeu des fonctions physiologiques les plus indispensables, comme la respiration et la nutrition. D'autre part, il y a des opérations assez compliquées de l'organisme auxquelles les animaux supérieurs semblent contraints de s'exercer, tout d'abord, pendant quelque temps, et de se former par degrés, sous la surveillance de leurs parents, comme le chant et le vol chez les oiseaux. Mais cet apprentissage est assez rare et toujours très court, parmi les animaux, tandis qu'il est la règle et dure longtemps chez les êtres humains. En d'autres termes, l'éducation est un phénomène lié à la supériorité même de notre espèce et propre, ou peu s'en faut, à celle-ci. L'éducation, au sens large du mot, n'est pas autre chose, en effet, que l'ensemble des actions de toutes sortes que nos semblables doivent exercer sur nous, au cours de nos premières années, pour nous mettre en état, petit à petit, de remplir convenablement et complètement notre rôle d'homme.

Par éducation, on entend quelquefois plus spécialement l'œuvre des influences étrangères qui ont pour objet particulier de nous préparer à la vie morale ou vertueuse. C'est que, nous l'avons déjà dit, la part de l'éducation est ici plus grande et plus nécessaire que partout ailleurs. L'éducation proprement morale est à la fois la plus délicate, la plus difficile et la plus urgente. Comme la moralité même, dont elle est en quelque sorte le noviciat, elle comprend deux principales parties : la première, intellectuelle, la seconde affective, ou sentimentale.

Nous recevons de nos parents, de nos maîtres, et aussi, ne le perdons pas de vue, de tous les autres hommes avec lesquels nous sommes en relations assidues pendant le commencement de notre vie, nos premières notions précises sur le devoir, le bien, la vertu et le vice. Certes, nous apportons en naissant une réelle aptitude à distinguer des actions bonnes et des actions mauvaises, des actions légitimes et des actions condamnables. On peut dire, en ce sens, que la connaissance du bien et du mal nous est innée. Mais cette connaissance au début ne peut être qu'extrêmement vague. L'enfant, tout jeune encore, n'a ni assez d'expérience, ni surtout assez de réflexion, pour démêler par lui-même, avec un peu de précision et d'exactitude, ce qui est vraiment bon dans la conduite et ce qui est mauvais. Le bien et le mal sont donc tout d'abord, pour nous, ce que notre père, notre mère, d'un mot, notre entourage familial juge tel.

Un peu plus tard, lorsque nous commençons à quitter le foyer domestique pour fréquenter, comme il arrive d'ordinaire, les établissements d'instruction, nos idées morales se complètent et se précisent encore par l'enseignement de nos maîtres; non seulement par l'enseignement explicite des principes de la moralité, mais par cette instruction morale implicite et comme diffuse qui se mêle, de façon naturelle et presque fatale, à toutes les autres instructions quelles qu'elles soient. Nous entendons nos professeurs, à l'occasion des traits de courage chantés par les poètes ou rapportés par les historiens, célébrer l'héroïsme comme une des grandes beautés de la vie humaine, et nous apprenons ainsi à priser de plus en plus l'intrépidité du héros ; nos maîtres, même à l'occasion des menus incidents disciplinaires de la classe, nous vantent la sincérité comme une vertu capable de racheter bien des fautes, et la valeur éminente de cette vertu devient, dans notre esprit, une conviction de jour en jour plus forte et plus vivace.

Toutes ces leçons, toutes ces suggestions, exercent sur la pensée naissante une action d'autant plus efficace et profonde qu'elle vient de personnes naturellement chères à l'enfant et pour lesquelles il éprouve, d'habitude, un respect tout particulier. Son jugement moral se façonne donc, aisément et assez vite, sur celui de ses parents, de ses maîtres, de son entourage ordinaire. Supposez qu'un enfant ait le malheur d'avoir affaire, pendant ses premières années, à des hommes incapables de donner une saine direction morale, soit par frivolité d'esprit, soit même par perversion de conscience. Supposez, cas rare par bonheur, un père ou une mère qui n'aient aucun souci de signaler aux jeunes âmes dont ils ont la charge ce qui doit vraiment être fait et ce dont il faut s'abstenir. Supposez, cas monstrueux et tout exceptionnel, Dieu merci, des parents qui recommandent à leurs enfants le mensonge et l'improbité, ou qui simplement se félicitent devant eux des tromperies adroites et profitables qu'ils ont eux-mêmes pu commettre. La conscience de ces pauvres petits restera très ignorante, ou bien elle sera faussée. Dans maintes occasions, ils ne sauront pas distinguer le bien du mal, à moins qu'ils n'en jugent à tort et à travers, parfois à l'encontre des principes les plus clairs du sens commun. Un criminaliste anglais, Maudsley, n'a-t-il pas cité le cas d'un enfant élevé dans une famille de pickpokets et qui, n'ayant guère eu jamais d'autre leçon et d'autre exemple que ceux du vol, s'écriait en toute sincérité : « Dieu ! que c'est bon de voler ! »

Nos sentiments moraux, aussi bien que notre savoir moral, dépendent, en grande partie, de notre éducation. Ici, l'influence du milieu domestique paraît être prépondérante. C'est que les sentiments ont quelque chose de plus intime et de plus profond que les idées. Il faut donc, pour les atteindre, une action particulièrement pénétrante. Celle des parents satisfait à cette condition, d'abord parce qu'elle est prolongée et soutenue, les enfants passant leur première jeunesse tout au moins en continuel contact avec le père et surtout la mère; ensuite, les parents parlent plus efficacement que personne au cœur de leurs fils ou de leurs filles, parce que ce cœur, d'avance, leur est tout gagné, et qu'il est beaucoup plus facile de faire aimer le bien à ceux dont on est soi-même aimé déjà. Il y a, dans toute affection vive, de merveilleuses ressources de suggestion. L'amour que nous accordons aux personnes peut être aisément détourné par elles vers les fins qu'elles nous marquent. Nous commençons par désirer ces objets à cause des personnes chères qui nous les ont conseillés et que nous en voyons éprises; puis, nous les aimons pour eux-mêmes. Avec un peu d'adresse, un père, une mère, sauront attacher leur enfant à toutes les vertus, au moyen de ce lien naturel qui l'attache étroitement à eux. Pour s'être allumé tout d'abord à la flamme de l'amour filial, l'amour de la fraternité, de la justice ou de la dignité personnelle n'en sera finalement, chez l'enfant, ni moins ardent, ni moins pur.

Mais si nos parents ont, à coup sûr, à titre d'éducateurs de notre sensibilité morale, une situation privilégiée et un rôle capital, il ne faut pas croire, bien qu'on l'ait dit quelquefois, que la culture des sentiments ne puisse se faire que dans la famille. L'école y a sa part, comme dans l'instruction, quoique sans doute à un moindre degré. Les inclinations morales, ainsi que toutes nos autres forces, se forment et se développent par l'exercice. Or l'enseignement même fournit au professeur maintes occasions d'exercer chez l'élève la sensibilité supérieure

en même temps que l'intelligence. Pourquoi le
maître s'interdirait-il de faire, par exemple, par-
tager à ses jeunes auditeurs l'émotion sincère
que lui inspirent soit le récit par quelque
grand écrivain d'un acte d'énergie vertueuse ou
d'abnégation, soit encore ces traits admirables
de patriotisme dont regorge notre histoire de
France? Pourquoi le professeur de sciences lui-
même se refuserait-il à dégager la leçon purifi-
catrice d'humilité et de modestie qui sort presque
spontanément, pour le cœur, du tableau positif
de l'immense et profonde nature? Le maître, pour
peu qu'il sache s'y prendre, ne manquera même
pas, dans son œuvre d'éducation affective, des
secours précieux que vaut aux parents l'affection
instinctive des enfants. Pour bien instruire, il
faut se faire aimer. L'intelligence, à vrai dire,
n'accepte volontiers et ne digère à souhait que les
aliments chauffés au feu du cœur. Ce qui vient
de la pure pensée et ne s'adresse qu'à elle, le
plus souvent la rebute. La leçon qui pénètre
et qui reste est celle où le professeur s'est mis
tout entier, esprit et cœur à la fois; celle qui,
par suite, ébranle aussi tout entière l'âme
de l'élève, et qui, pain complet de la pensée,
apporte, indissolublement unis, un peu de
savoir nouveau à l'intelligence, un peu de

délicatesse nouvelle et d'élévation à la sensibilité.

Par l'effort méthodique et volontaire des bons maîtres et des bons parents, par l'action toute spontanée aussi qu'exerce sur nous leur simple contact, nos sentiments moraux pourront atteindre de bonne heure un assez haut degré de raffinement et de noblesse. Mais est-ce à nous principalement qu'en reviendra le mérite? Et si un malheureux, ayant traîné toute son enfance dans une atmosphère de sentiments grossiers, bas et vils, vient à montrer lui-même dans sa conduite quelque vilenie, quelque bassesse ou quelque grossièreté, oserons-nous bien le condamner, même dans notre for intérieur, avec une sévérité impitoyable?

Car les premières directions reçues dans l'ordre intellectuel ou sensible, engagent presque fatalement toute la vie. Les impressions de la plus tendre jeunesse sont les plus décisives. Elles peuvent s'atténuer; elles ne disparaissent jamais complètement. Un romancier contemporain nous parle de « l'empreinte » indélébile laissée dans les âmes par certains systèmes d'éducation. Cette empreinte n'est pas le propre d'une méthode pédagogique particulière. Elle peut, dans tel ou tel cas, être creusée plus avant, mais nous la portons tous. Nous sommes tous marqués au sceau de nos éducateurs. Nous avons beau, plus tard, réfléchir nous-mêmes et faire personnellement effort pour refondre notre nature : la marque reste. Parfois, quand nous la croyions effacée, nous la voyons tout à coup reparaître, non sans quelque terreur secrète, à la lueur d'un rayon pénétrant. Dans quelque circonstance grave et profondément émouvante, sous la personnalité nouvelle que nous avions laborieusement acquise, surgit à l'improviste, émergeant des profondeurs obscures de notre être, comme un fantôme obsédant, cette personnalité lointaine qu'avaient en nous façonnée nos éducateurs. Aux heures de crise, il arrivera même assez souvent que la voix de notre conscience sonnera intérieurement avec le timbre matériel et précis de la voix d'une mère, d'un père, d'un maître. Ils furent les premiers hôtes de notre âme : à vrai dire, ils ne la quittent plus. Ils la hantent mystérieusement. Ils y vivent d'une certaine façon. Ils continueront d'y vivre bien longtemps encore après que les hasards de l'existence ou même la mort nous auront physiquement séparés d'eux. Qu'on lise, à ce sujet, quelques-unes des pages de *Corinne*, où le héros du roman, Oswald, s'entretient silencieusement avec l'ombre de son père mort, et demande à cette ombre chère de guider sa vie (1)! Cette imprégnation définitive des âmes dans l'éducation est ce qui fait toute la beauté, toute la gravité et aussi la tristesse à peu près inévitable du rôle d'éducateur. Il est beau de former ainsi des hommes à sa propre image ; il est grave de donner aux esprits des plis intellectuels et moraux qui, au fond, ne s'effaceront jamais; il est assez triste de songer, — il s'agit ici de l'éducateur professionnel, — que tant d'âmes auxquelles vous avez distribué un peu de la vôtre, l'emportent en elles au travers du monde, sans avoir conscience, à l'ordinaire du moins, de ce qu'elles ont reçu.

L'influence considérable de l'éducation primitive sur notre moralité a un triple principe.

Le premier, c'est l'état même de l'esprit au début de la vie. L'âme de l'enfant est neuve et vide : elle s'ouvre largement et avidement aux actions étrangères ; elle les subit avec docilité. On a depuis longtemps comparé le moral d'origine à une cire molle où toute empreinte se grave ; et de fait, l'enfant n'ayant encore aucune personnalité, ne saurait, par un effort de réaction personnelle, résister à la direction d'autrui,

(1) Par ex., l. VIII, ch. 1 ; l. XVI, ch. vii. (*Corinne.* — Mme de Staël.)

quelle qu'elle soit. Il accepte tout, parce qu'il n'a rien, et qu'il est fort incapable d'apprécier avec exactitude la valeur de ce qu'on lui offre.

Le second principe, connexe du premier, se tire de la situation particulière du maître par rapport au disciple. Pour cette âme naïve et pauvre, — je parle surtout du petit enfant, — l'éducateur, personne faite, ayant avec la supériorité de l'âge et, assez souvent, de la barbe, le prestige imposant du savoir, celui de l'autorité paternelle, maternelle ou professorale, enfin l'auréole de tendre respect que met notre affection au front de ceux que nous aimons, l'éducateur ne peut manquer de prendre un aspect de majesté quasi religieuse et tout à fait dominatrice. Il domine l'enfant de toute cette hauteur gigantesque que lui prête l'inexpérience du berceau; il est, tout au début du moins, celui dont on ne songerait pas même à discuter les paroles, parce qu'il sait tout, qu'il peut tout, et qu'il y aurait impiété véritable à ne pas tout accueillir, les yeux fermés, d'un être tellement supérieur, quand, au surplus, on l'aime.

Le troisième principe, enfin, est plus général et plus complexe. Il n'est pas propre à l'éducation. Il consiste dans un ensemble de lois psychologiques, qui régissent l'influence réciproque des activités, des intelligences et des sensibilités individuelles. Ces lois trouvent une application particulièrement frappante dans le fait de l'éducation, en raison des circonstances spéciales qui viennent d'être indiquées et qui amplifient considérablement leurs effets ordinaires. Mais elles commandent notre vie tout entière. Cette même moralité qu'elles subordonnent surtout à l'action de nos éducateurs, elles la soumettent aussi, tout au long de notre existence, par l'intermédiaire des actes, des idées et des sentiments, à l'ascendant continu de tous les hommes qui nous entourent. Ces lois, grands ressorts généraux de la solidarité morale, sont celles de l'imitation et de la sympathie.

III

La loi d'imitation nous porte par nature à reproduire les mouvements, les gestes, les attitudes, les actions que nous percevons chez autrui. Elle nous vient de l'animalité. Et même, elle est particulièrement visible, tout le monde le sait, chez certains animaux, comme les singes. Les enfants, d'ordinaire, ne le cèdent guère à ceux-ci. Ils ont, dès le jeune âge, une extraordinaire faculté d'imitation. On est quelquefois tout surpris de la fidélité saisissante avec laquelle ils miment d'eux-mêmes, en se jouant, les mines, les allures et principalement les tics des personnes de leur entourage. Cette aptitude est moins apparente et, sans aucun doute, moins forte dans la maturité. Elle subsiste pourtant. Nous gardons, toute notre vie, un peu de cet instinct qui précipitait à la mer tous les moutons de Panurge, simplement parce que l'un d'eux avait d'abord fait le saut. La puissance de la mode, celle de la coutume, suffiraient à montrer la persistance, la généralité et la vigueur de cette tendance. Combien d'hommes, et surtout de femmes, s'habillent de façon un tantinet ridicule ou gênante, pour cette unique raison qu'on s'habille communément de cette façon autour d'eux ? Combien d'actes n'accomplissons-nous pas, au cours de notre existence, dont nous pourrions fort bien nous dispenser, mais dont nous nous acquittons avec scrupule, comme de véritables rites, pour le seul motif que « tout le monde » est accoutumé d'agir ainsi ? Même dans les mouvements les plus vulgaires, les plus machinaux et les plus obscurs, nous constatons sans peine, avec un peu d'attention, l'empire de l'instinct imitatif. Que, dans une assemblée, une personne bâille ou se mouche : vous pouvez être certains qu'à l'instant nombre d'autres personnes vont elles aussi bâiller ou tirer leur mouchoir. Appliquée aux actions ayant une valeur morale, cette loi de l'imitation fait, chez l'adulte comme chez l'enfant, la force, redoutable ou précieuse, de l'exemple. Jeunes ou vieux, nous sommes toujours, mais à des degrés divers, enclins à faire nous-mêmes le bien comme aussi le mal que nous voyons faire par d'autres. Il y a un « mimétisme moral » qui nous amène insidieusement à copier dans notre conduite les fautes ou les belles actions dont nous sommes habituellement spectateurs, comme il y a un « mimétisme physique » qui donne souvent aux animaux la couleur, même la forme et tout l'aspect des objets matériels parmi lesquels ils sont appelés à vivre. Selon la qualité de nos fréquentations ordinaires, l'exemple peut faire de nous de braves gens, des héros même, ou des coquins.

La loi d'imitation modèle automatiquement, sur le patron de notre entourage, nos idées et nos croyances tout aussi bien que nos actions. Si nous n'y prenons garde, nous glissons vite à copier la pensée d'autrui comme sa conduite. Parmi nos opinions, combien n'y en a-t-il pas qui nous viennent entièrement du dehors, et que nous n'admettons en notre créance que pour les avoir vues couramment adoptées autour de nous ?

L'harmonie tend à s'établir d'elle-même entre les représentations ainsi qu'entre les activités. Et cette propension est si forte que deux intelligences en commerce constant l'une avec l'autre, comme celles de la femme et du mari, en arrivent quelquefois à n'en plus faire qu'une en vérité, et à s'accorder tout à fait, non pas seulement dans leurs convictions fondamentales, mais jusqu'en certaines de ces idées passagères qui semblent surgir dans l'esprit sans autre règle que le caprice ou le hasard: l'une des intelligences sœurs est alors toute surprise de se rendre compte que, au moment précis où elle formait par devers elle telle représentation toute fortuite, l'autre, de son côté, la formait aussi.

Cette communication spontanée des idées et des croyances, fondée sur l'imitation, nous assure le bénéfice des vérités morales ambiantes ; mais en retour elle nous rend victimes des erreurs répandues. C'est elle qui nous empêchera de reconnaître immédiatement l'évidence de tel principe pourtant bien clair, comme l'absurdité morale du duel, parce que la pensée publique est encore quelque peu rebelle à cette vérité. C'est l'imitation dans l'ordre intellectuel qui crée, en grande partie, la force des traditions et des préjugés communs, toujours si difficiles à détruire, lors même que la raison réfléchie y répugne absolument. C'est elle enfin qui fait le nerf et le règne tyrannique de l'opinion. Celle-ci ne se contente pas d'ouvrir largement à l'intelligence individuelle ses chemins battus ; elle l'y engage et l'y retient de force ; elle lui ferme les autres voies ; l'esprit public, si nous ne savons résister à son aspiration goulue, absorbe et engloutit notre jugement personnel ; notre intelligence risque de devenir un simple reflet ; heureux si, de la sorte, elle ne reflétait jamais qu'une lumière pure et droite !

L'opinion publique décide, pour une part, de notre moralité non seulement par les idées qu'elle nous impose, mais par les sentiments qu'elle nous inspire. Comme le remarquait Pascal, c'est une grande joie pour nous d'être dans l'estime des hommes ; c'est une peine cruelle de subir leur mépris (1). L'approbation ou le blâme de

(1) Pascal, *Pensées*, section vi, nᵒˢ 400 et 404, p. 509 et 510 de l'édition Brunschvicg.

« Nous avons une si grande idée de l'âme de l'homme, que nous ne pouvons souffrir d'en être méprisés, et de n'être pas dans l'estime d'une âme ; et toute la félicité des hommes consiste dans cette estime. »

« Il (l'homme) estime si grande la raison de l'homme, que quelque avantage qu'il ait sur la terre, s'il n'est placé avantageusement aussi dans la raison de l'homme, il n'est pas content. C'est la plus belle place du monde, rien ne le peut détourner de ce désir. »

la majorité de nos semblables nous tiennent au cœur. Il en est même, parmi nous, qui consentiraient peut-être à encourir les reproches silencieux de leur propre conscience, mais qui reculent devant la condamnation plus bruyante de la voix publique. Le désir de nous concilier l'opinion intervient donc comme un mobile puissant de nos actions. Principe salutaire ou funeste, suivant les cas. Cordial ou poison, tour à tour, de notre vertu, selon que l'opinion à laquelle nous demandons notre règle est éclairée et juste, ou bien aveugle et erronée. Le souci naturel de l'estime de ses pairs inclinera l'honnête homme à ne pas s'avilir, et l'escarpe à ne point « caner », comme il dit en son langage, dans la perpétration de ses crimes.

Quand enfin la loi d'imitation s'applique aux sentiments, elle prend le nom spécial de sympathie. — La sympathie dont il est maintenant question n'est pas la bienveillance, l'amitié tout au moins commençante que, vulgairement, on désigne par ce mot, lorsqu'on dit, par exemple, qu'on a pour une personne beaucoup de sympathie. Cette sympathie-là est un sentiment particulier d'affection. Elle a donc un caractère limitatif et personnel. Elle s'attache à l'un de nos semblables, mais non pas à l'autre. La loi générale de sympathie, au contraire, ne fait entre les hommes nul discernement. Elle n'implique aucun choix, aucune préférence du cœur. Elle nous unit par un lien naturel de la sensibilité, à tous les êtres humains et même à tous les êtres vivants sans distinction. Elle est ce pur instinct qui fait que les plaisirs et les douleurs dont nous voyons les signes chez autrui ont leur écho fatal et immédiat dans notre âme. Par elle, spontanément, nous nous réjouissons avec ceux qui ont du plaisir, nous souffrons avec ceux qui souffrent, nous rions avec ceux qui rient, nous pleurons avec ceux qui pleurent. Les sensibilités s'émeuvent les unes les autres et se mettent d'elles-mêmes en harmonie, par une secrète influence, comme les cordes d'un piano vibrent et rendent un son, sans avoir été touchées, lorsque d'autres cordes sonores frémissent à portée. Les âmes, au simple spectacle de leurs manifestations, goûtent simultanément les mêmes joies et pâtissent ensemble des mêmes peines. Et, dans cette symphonie spontanée des cœurs, il y a si peu, à l'origine, d'affection désintéressée, de bienveillance ou d'amour proprement dit, qu'il arrive à l'égoïste, bien au contraire, d'en vouloir à ceux dont les misères navrantes, par leur tableau fâcheux, ont troublé sympathiquement, malgré lui, sa chère quiétude. Combien d'hommes font l'aumône, non par tendresse vraie pour les pauvres, ou par devoir, mais avec un peu de mauvaise humeur, ou même de colère, contre cette indigence indiscrète qui n'a pas scrupule à blesser les yeux et le cœur des heureux du monde par l'affligeant spectacle de sa pénurie, de ses souffrances ou de ses infirmités ! Il faudrait à ceux-là, pour ne pas choquer la délicatesse singulière de leur charité, des mendiants en carrosse ! La sympathie qui, en dépit de leurs efforts, mêle au bien-être tiède de leur félicité personnelle le frisson glacé de la misère humaine, est le châtiment, non moins juste que naturel, de leur réelle inhumanité.

La loi de sympathie, dominant la sensibilité tout entière, rend éminemment contagieuses toutes les émotions. Quels qu'ils soient, les sentiments ne manquent guère de se trahir par les paroles, les cris, les gestes, les jeux de physionomie ou les attitudes. Lors même qu'ils n'ont pas de manifestations corporelles bien nettes et bien frappantes, ils transpirent en dehors de l'âme par des voies mystérieuses et cependant très sûres. Alors, on ne les voit pas, mais on les sent trembler dans l'air et passer près de soi, comme des ailes d'ombre, portés

par on ne sait quel courant subtil d'électricité.
Il en résulte qu'une émotion, si réservée qu'elle
soit, si vigoureusement comprimée dans le
for intime, ne reste jamais, à vrai dire, prison-
nière d'un seul cœur, mais s'insinue toujours,
plus ou moins entière, dans les autres cœurs
présents. Et, gagnant en surface, elle ne perd
rien en profondeur ni en force. Plus elle se
divise, au contraire, plus elle s'accroît.

Nous avons déjà trouvé des exemples remarquables de ce fait dans les émotions artistiques
les plus sociales, comme celles du théâtre. Mais
cette loi est générale. La peur se propage,
parmi les hommes réunis, par ondes de plus en
plus larges et d'ampleur de plus en plus grande,
au fur et à mesure que l'on s'éloigne davantage
du point d'où elles sont parties. C'est ainsi que
se produisent, souvent pour des causes futiles,
ces paniques, typhons du cœur, auxquelles ne
semble pouvoir résister nul courage individuel.
La colère obéit aussi à cette règle de diffusion
« interpersonnelle ». Et il en est, par bonheur,
des sentiments généreux comme des sentiments
égoïstes ou violents. Il y a une contagion du
courage et de la bravoure aussi bien que de la
lâcheté : c'est elle qui, dans une armée en campagne, soutient aisément des recrues nouvelles,

pourvu qu'elles soient bien encadrées entre des troupes de vétérans aguerris. Il y a une contagion du sentiment de la justice : c'est elle qui met debout tout un corps de métier, toute une ville, tout un pays, pour protester hautement contre une violation trop criante du droit. Il y a une contagion du désintéressement et du sacrifice : c'est elle qui, dans la fameuse nuit du 4 août 1789, poussait les représentants des ordres privilégiés à la Constituante, oublieux d'eux-mêmes et uniquement soucieux du pays, à voter, dans un transport d'enthousiasme, l'abolition des titres et des privilèges. Il y a enfin une contagion du patriotisme : c'est celle qui soulevait d'un élan irrésistible les volontaires de Dumouriez et de Kellermann à Valmy ; celle qui, lors de nos derniers désastres, faisait, à la voix chaude de Gambetta, sortir soudain du sol national, foulé déjà par l'envahisseur, une moisson d'armées imprévues ; celle qui, maintenant encore, n'en doutons pas, malgré toutes les divisions de classes, toutes les luttes politiques, tous les sophismes et toutes les déclamations captieuses contre le culte légitime et nécessaire de la patrie, dresserait, à l'occasion, toutes les poitrines françaises en barrière protectrice de l'intégrité et de l'honneur du pays, à l'encontre des attentats matériels ou de l'arrogance outrageante de l'étranger.

Mais, si nous participons de la sorte à toutes les émotions, à toutes les passions dont nous sommes témoins, on voit assez l'importance capitale, pour notre moralité personnelle, de la valeur affective des hommes dont nous faisons notre société ordinaire. Vivons-nous dans un milieu de sentiments égoïstes et bas ? il nous sera bien difficile d'échapper nous-mêmes à l'égoïsme et à la bassesse. Vivons-nous, au contraire, dans un milieu de sentiments désintéressés et nobles ? notre sensibilité, souvent excitée sympathiquement dans le sens du désintéressement et de « l'altruisme », prendra comme d'elle-même, à la longue, cette tournure supérieure. Et c'est pourquoi rien n'est plus absurde, psychologiquement et moralement, que d'entasser les délinquants et les criminels, surtout quand ils sont jeunes, dans des établissements où ils ne vivent guère en contact qu'avec d'autres criminels comme eux. Alors, les pourritures morales fermentent et s'aggravent entre elles ; tous les virus mêlés s'exaltent et se condensent en un poison effroyablement toxique, dont la virulence a tôt fait de gâter à fond les âmes les moins atteintes d'abord. Les prisons, les maisons de correction deviennent ainsi d'énormes bouillons de culture pour tous les germes de vices et de crimes. La société s'épuise à construire et à entretenir, à grands frais, de gigantesques accumulateurs d'immoralité.

Notre cœur, en vertu de la sympathie, ne saurait se fermer aux tendances affectives de notre entourage. Il en est fatalement pénétré. Allons plus loin : dans certains cas extrêmes, ces tendances collectives paraissent se substituer aux nôtres, au lieu de s'y mêler seulement. Notre sensibilité propre disparaît, pour un moment tout au moins, devant une sensibilité étrangère, qui domine en maîtresse chez nous. Il semble qu'on nous ait pris notre âme, pour mettre un instant à sa place une autre âme toute différente ; et cette âme nouvelle, c'est l'âme des foules (1). Quand des hommes sont réunis en grand nombre, l'esprit souffle sur eux, sinon dans le sens évangélique de cette parole, du moins dans un autre sens. De toutes les influences sympathiques qu'exercent les uns sur les autres ces individus, il se dégage, surtout lorsqu'une circonstance grave trouble ceux-ci profondément et de la même manière,

(1) Cf. Lebon, *Psychologie des foules*.

une sorte d'âme commune. Un même esprit
plane véritablement sur eux tous, ou plutôt règne
en chacun d'eux, qui n'est en réalité l'esprit
d'aucun de ces hommes, mais le propre esprit de
leur multitude. Esprit soudain et violent, à
l'ordinaire. Esprit aveugle, où les impressions
et les émotions passent en bourrasque, et, dans
le même instant, sautent, par des voltes étranges,
d'un point de l'horizon à un autre point directement opposé. Esprit souvent cruel, enfin, et
sanguinaire. Brutalité, rapidité foudroyante,
inconscience, tels paraissent être les caractères
habituels de ce singulier démon évoqué par la
réunion des hommes. Ce démon habite chaque
membre de la foule et le mène tyranniquement.
Sous son empire. l'individu commet sans la
moindre hésitation, sans la moindre résistance,
les actes les plus contraires aux tendances réelles
de sa personnalité. Il est comme un somnam-
bule obéissant machinalement aux suggestions
d'une volonté bien supérieure à la sienne.
Songez aux atrocités auxquelles se laissent
emporter, soit dans les foules révolutionnaires.
soit dans les troupes lancées contre celles-ci, les
âmes par elles-mêmes les plus débonnaires et
les plus douces! Songez à tous ces récits effroya-
bles qui, naguère encore, nous venaient de

Russie ! Quand la multitude est dispersée, le démon qui l'agitait disparaît lui aussi. Débarrassée de cet hôte despotique, l'âme individuelle, rendue à elle-même, se retrouve, sinon telle qu'elle était d'abord, au moins à peu près telle. Elle a le sentiment de sortir d'un rêve, ou plutôt d'un cauchemar. Elle s'étonne elle-même et s'indigne, d'ordinaire, de ce que l'homme a pu faire et sentir pendant cet étrange sommeil de la personnalité. Elle se demande dans quelle région lointaine et mystérieuse elle avait pu émigrer, tandis que l'âme ardente et rude de la foule bouleversait de fond en comble son logis.

IV

Assurément, cette absorption complète de l'individualité morale dans l'âme collective des foules est exceptionnelle et passagère. Assurément, la sympathie et l'imitation ne décident pas avec une absolue fatalité de nos actes, de nos idées et de nos sentiments. Nous ne sommes pas, au moral, de simples miroirs serviles des autres âmes, nos compagnes de vie. Nous ne sommes pas davantage condamnés à ne nous écarter jamais d'un seul pas des routes que nous ont par avance tracées nos éducateurs. Enfin, si nos ancêtres, moralement, revivent toujours en nous d'une certaine manière, nous ne sommes pourtant pas astreints à vivre tout à fait comme eux, selon les mêmes immuables principes.

Aux forces d'imitation, qui fondent la solidarité morale, s'oppose, pour les compléter, selon la remarque de Tarde, la force d'innovation personnelle, qui fonde la liberté morale. Cette puissance de création est indispensable. Autrement, l'humanité croupirait jusqu'à la fin des siècles dans sa même ignorance, dans ses mêmes errements, dans sa même grossièreté. Comme tout autre progrès, le progrès moral suppose des inventeurs, c'est-à-dire des esprits supérieurement doués, qui ont dû s'affranchir dans une certaine mesure des influences ambiantes, éducatives et héréditaires, pour s'élever à des conceptions pratiques plus hautes et à des sentiments plus nobles (1). Ces génies moraux, ce sont les Bouddha, les Confucius, les Socrate, les Epictète, les S. Vincent de Paul, les Kant,... héros les plus purs et les plus grands parmi les hommes. Ce qu'ils ont fait en grand, nous

(1) Cf. Ribot, *Essai sur l'imagination créatrice*, IIIe partie, ch. vii.

pouvons et nous devons le faire en petit Si, par
malheur, notre hérédité est regrettable, nous
pouvons et nous devons réagir contre les dispositions qu'elle a mises en nous; si notre éducation fut imparfaite, sous le rapport intellectuel
ou affectif, nous pouvons et nous devons travailler à la refaire nous-mêmes de notre mieux ;
si notre milieu moral nous tire vers le bas, par
les liens naturels de l'imitation et de la sympathie, nous pouvons et nous devons, par le moyen
des mêmes liens, faire effort, au contraire, pour
le tirer en haut. Notre tâche maîtresse, dans cette
vie, est précisément de conquérir de plus en
plus notre personnalité propre, et une personnalité bonne, sur les forces naturelles et sociales
qui forment le premier fonds de notre âme aussi
bien que de notre corps.

Mais ne concevons pas l'espoir chimérique
d'être jamais absolument libres et séparés de
l'espèce humaine, même au moral. Ne comptons
pas avoir jamais une vertu qui ne soit rien qu'à
nous. Notre vertu plongera toujours ses racines
dans cette humanité immense et profonde qui
nous porte, comme elle sera toujours destinée à
s'épanouir en fleurs plus belles dans l'humanité
née de nous. Toute nôtre qu'elle est, en un sens,
elle nous dépasse indéfiniment pour s'étendre,

à perte de vue, dans les abîmes obscurs du passé, dans les immensités du présent, dans les horizons fuyants de l'avenir. Même si notre personnalité morale se constituait en opposition directe avec toutes les tendances de l'hérédité, de l'éducation et du milieu actuel, n'est-ce pas sur ces tendances que notre énergie propre devrait prendre pied pour les combattre, les détruire à la longue, et leur substituer enfin des tendances tout opposées ? Les dispositions nouvelles, ainsi façonnées par notre effort original, ne déborderaient-elles pas fatalement notre individualité pour se répandre, d'abord autour d'elle, chez nos contemporains, ensuite après elle, chez nos petits-neveux ? Si, de la sorte, nous ne nous appartenons jamais complètement à nous-mêmes, si nous ne pouvons clore entièrement notre porte aux influences étrangères, ni davantage empêcher de s'écouler au dehors le flot, pur ou trouble, de notre vie intérieure, peut-être n'avons-nous pas lieu de nous en désoler. C'est ici l'endroit de rappeler, avec quelques atténuations nécessaires, qui se feront assez d'elles-mêmes, le beau mot du philosophe-poète Guyau :

> « Vibrant avec le tout, que me sert de poursuivre
> Ce mot si doux au cœur et si cher : Liberté ?

J'en préfère encore un : c'est Solidarité (1). »

(1) Guyau, *Vers d'un philosophe*, Solidarité :

> Il n'est peut-être pas de peines solitaires,
> D'égoïstes plaisirs ; tout se lie et se tient.
> La peine et le plaisir courent d'un être à l'autre,
> Et le vôtre est le mien, et le mien est le vôtre,
> Et je veux que le vôtre à vous tous soit le mien !
> Que mon bonheur soit fait avec celui du monde,
> Et que je porte enfin dans mon cœur dilaté,
> En dût-il se briser, — toute l'humanité !

DEUXIÈME PARTIE

Les conséquences morales du fait de la solidarité entre les hommes.

CHAPITRE I

EXACTE VALEUR MORALE DU FAIT DE LA SOLIDARITÉ.

Nous avons étudié le fait de la solidarité humaine, d'abord dans sa généralité, puis dans quelques-uns de ses principaux aspects particuliers. Il faut voir à présent quelles conséquences on peut tirer de ce fait sur le gouvernement de la vie, ou, en d'autres termes, quelle en est la vraie signification, la vraie valeur morale.

I

A notre époque, certains philosophes ont cru découvrir dans ce simple fait naturel le fondement véritable de la morale tout entière. Épris de science, ils cherchaient une règle de vie dont le caractère fût scientifique ou positif. Le principe de la solidarité leur parut répondre à ce désir. L'expérience, en effet, nous révèle l'application réelle de ce principe dans le monde en général, mais surtout chez les êtres vivants et les hommes. C'est un fait positivement et scientifiquement établi que les êtres humains dépendent de plus en plus étroitement les uns des autres. Et ce fait, une fois qu'il a été bien constaté, semble se tourner de lui-même en loi directrice de l'action; car, si la nature unit à ce point les hommes et les fait inséparables déjà, comment leur vouloir éclairé ne reconnaîtrait-il pas la nécessité de poursuivre avec réflexion l'œuvre d'union et d'harmonie commencée par l'instinct et la fatalité des choses? Quand on s'est clairement rendu compte que chacun de nous, dans son être comme dans les diverses modalités de son existence, tient de ses semblables, à vrai dire, tout ce qu'il possède, et, en un sens, ne fait qu'un avec eux, de cette grande vérité il se dégage spontanément, inévitablement, une grande leçon : c'est que, de plus en plus, tous les hommes doivent se serrer les uns contre les autres, unir leurs cœurs, leurs intelligences, leurs activités; et, de toutes leurs énergies associées, travailler fraternellement à la tâche commune du progrès humain. « Un pour tous, tous pour un », voilà la conclusion logique de ce principe que tous les individus sont solidaires dans l'immense corps de l'humanité ; et c'est aussi la vraie règle morale, une règle qui n'a plus rien de mythologique ou de théologique comme celles d'autrefois, mais qui sort, ainsi qu'il convient, des entrailles mêmes de la nature ; c'est enfin la grande maxime de cet évangile nouveau que prêchent, à l'heure présente, les apôtres exclusifs de la science, et auquel, puisque le baptême seul consacre les nouveautés les plus laïques, on commence à donner le nom de « *solidarisme* ».

Peut-être le « solidarisme pur » n'a-t-il pas toute la vertu qu'on lui prête. Il repose, et c'est, dit-on, son grand mérite, sur un simple fait à la portée de toute intelligence un peu attentive. Il est une forme particulière du « naturalisme moral ». Mais, si le naturalisme en morale présente des degrés de valeur fort différents, selon la loi naturelle dont il prétend faire le principe directeur de notre vie, il cache toujours en son sein le même vice essentiel : du fait à la règle, de la constatation au commandement, il n'y a point de passage logique.

La nature, nous déclare-t-on, a créé les hommes solidaires les uns des autres ; ils doivent donc vouloir la solidarité. Mais pourquoi notre volonté s'astreindrait-elle à suivre docilement la nature ? De ce qu'une loi est réelle, s'ensuit-il nécessairement qu'elle mérite de nous gouverner? La nature a fait bien des choses que nous refusons d'approuver ou même que nous condamnons de tout point. Elle donne à chaque être vivant un attachement sans limite à soi-même. Elle suscite entre les animaux de même espèce une concurrence acharnée et sans merci. Elle nous montre la guerre comme une loi de l'existence non moins effective, à coup sûr, que la loi de paix et de solidarité. Nous n'en concluons pas cependant que l'égoïsme et la lutte pour la vie doivent être les règles souveraines de notre volonté et de notre conduite. C'est que, non contents de relever l'empire naturel de ces principes dans le monde, nous en mesurons la valeur à la toise de notre conscience et de notre raison. Ils nous apparaissent alors comme étant en contradiction avec cet idéal rationnel dont nous portons tous en nous-mêmes, vague ou précis, le besoin profond. Nous disons en conséquence qu'ils sont, dans la nature, des éléments impurs et inférieurs dont il convient de se garder soi-même, et s'il se peut, de la dégager. Il nous semble, au contraire, que la loi naturelle de solidarité est belle et noble, qu'elle répond exactement aux aspirations et à toutes les exigences de notre esprit. C'est pourquoi nous déclarons qu'elle doit être suivie. Mais pour qu'elle devînt ainsi maxime impérative d'action au lieu de simple constatation de fait qu'elle était tout d'abord, il a fallu qu'elle reçût l'investiture de notre raison.

Un fait naturel, par lui-même, ne produirait que d'autres faits. Il ne se transformerait pas en devoir, car le devoir est d'un autre ordre. L'esprit juge la réalité d'après sa « norme » à lui, qui est celle de l'idéal. Il contrôle selon cette norme les titres de noblesse morale des faits. Il approuve les uns, il condamne les autres. Il sacre devoirs ceux où il ne remarque, de son propre point de vue, aucune impureté. Mais entre cette affirmation : cela est, et cette autre : cela doit être ; entre le jugement positif ou indicatif de la science, et le jugement impératif de la conscience, un intermédiaire est indispensable. Même si l'obligation emprunte à une loi naturelle sa formule concrète, ce n'est pas de la nature qu'elle vient ; c'est, en dernière analyse, de la conscience, de la raison, de l'esprit qui, reconnaissant la conformité véritable de telle loi positive avec l'idéal, confère à la première toute la force impérative et toute l'autorité qui appartient en propre au second. Le naturalisme, en morale comme en toute autre chose, n'est jamais qu'un idéalisme qui s'ignore.

Ce qui fait, de nos jours, la fortune du « solidarisme », ce n'est donc pas tant, au fond, le caractère scientifique de cette doctrine que l'accord de la loi de solidarité avec les vœux les plus intimes de la conscience humaine. Les conséquences de cette loi semblent aller toutes dans le sens même de notre raison pratique et de la moralité. Voilà pourquoi tant de gens déclarent que la solidarité naturelle des hommes est bonne en elle-même, ou plutôt qu'elle est l'unique fondement de tout bien. Quand on en juge ainsi, peut-être ne prend-on pas assez garde que les conclusions de la solidarité sont bonnes surtout lorsqu'on les déduit dans un esprit de moralité déjà, et que ce principe par lui-même conduirait tout aussi logiquement à des conséquences détestables aux yeux de la conscience et de la raison.

Supposons un homme complètement étranger à l'esprit moral, c'est-à-dire n'ayant aucune idée du bien ou du mal, aucune prédisposition à croire, en pensée, le premier supérieur au second, et par suite à le préférer en action. Cet homme, nous l'imaginerons en outre sans la moindre ressource et sans la moindre santé. Il vit dans une indigence extrême, dans les infirmités et dans les maladies. Son dénuement est aussi grand dans l'ordre intellectuel que dans l'ordre physique. Il n'a reçu aucune culture littéraire, artistique ou scientifique. Il manque de l'instruction la plus élémentaire. Son esprit, laissé de tout temps en jachère, ne porte que des herbes folles ; il ne saurait guère produire une idée sérieuse et juste. Comme ce malheureux enfin a toujours vécu dans un milieu inférieur et grossier, il n'a aucune noblesse de cœur, aucune générosité de sentiment. Les passions les plus viles se disputent son âme. Sa misère morale ne le cède en rien à sa misère intellectuelle et physique.

Vous lui révélez maintenant la solidarité humaine. Vous attirez autant qu'il est possible l'attention de cet esprit barbare sur cette loi dont il ne s'était jamais avisé, que les hommes sont étroitement dépendants les uns des autres, et que l'humanité nous fait tous, pour la plus grande partie, ce que nous sommes. Pensez-vous avoir, du même coup, ouvert à ce misérable la

voie du bien et de la vertu ? Pensez-vous que l'idée
de l'interdépendance de tous les êtres humains
va germer spontanément dans cette terre ingrate
en moisson de philanthropie et de générosité ?
Elle sera bien plutôt une semence de haine et de
misanthropie. Le disgracié de la vie se dira que
l'humanité tout entière est la vraie cause de sa
disgrâce ; que, s'il souffre dans son corps et dans
son esprit, c'est, en dernière analyse, par la faute
des autres hommes ; que les autres hommes, à
leur tour, peuvent donc bien souffrir par lui. Au
point de vue de la pure logique, il y aurait in-
conséquence véritable à ce qu'une solidarité
marâtre engendrât un réel amour filial. Son fruit
logique et naturel, c'est le ressentiment, la colère,
la malveillance, les représailles impitoyables de
l'individu contre cette race humaine à laquelle,
certes, il ne demandait rien, avant d'être, envers
laquelle il n'avait pu se rendre coupable anté-
rieurement à sa naissance, et qui pourtant, dès
le premier jour de sa vie, a commencé à faire de
lui un paria. Une conclusion inattendue, peu
remarquée d'ordinaire, scandaleuse à coup sûr,
mais à coup sûr aussi très logique du principe
purement positif de la solidarité, c'est le geste
de l'anarchiste qui, voyant dans la société la
source de tous ses maux, lui déclare une guerre

à mort, et, au hasard, parce qu'il est assuré d'avance de ne point frapper d'innocents, lance une bombe parmi les « bourgeois ».

De même que la pure loi naturelle de solidarité pourrait justifier, de la part des malheureux, toutes les vengeances et, à tout le moins, la né-gation de tout devoir social, de même le criminel serait assez logiquement tenté de s'en servir pour éluder toute responsabilité. Aussi bien, n'est-ce pas le plus souvent cette raison qui fait tout le fond des plaidoiries de nos avocats d'assises ? Cet assassin, dites-vous, n'est digne d'aucune pitié : les détails de son crime sont atroces. — D'accord; mais ce crime, êtes-vous bien sûrs qu'il soit le sien ? Derrière la main qui a frappé, il faut voir les forces obscures, inspiratrices du geste. C'est la misère, économique ou physiologique ; c'est l'hérédité des instincts cruels ; c'est l'ignorance ; c'est la contagion morale ; c'est la perversion précoce. Et sous toutes ces causes, diverses en apparence, se cache toujours, au fond, l'action prépondérante de la société. Celle-ci n'a jamais, comme on l'a dit, que les criminels qu'elle mérite. Ce qu'elle se dispose à frapper avec rigueur, dans la personne de cet assassin horriblement sangui-naire, c'est donc son propre crime. Fermé, par hypothèse, à toute inspiration un peu saine et

haute d'ordre proprement moral, s'il est encore
en état de comprendre cette loi toute physique
de solidarité dont son avocat étale complai-
samment la puissance aux yeux de ses juges,
comment ce malheureux ne songerait-il pas que,
vraiment, il n'a pas grand'chose à se reprocher
dans ce meurtre, et que, s'il fut peut-être fou de
s'y laisser aller, des hommes qui, de sang-froid,
prétendent juger et punir chez un autre le mal
dont ils sont loin d'être innocents, sont encore
bien plus fous que lui ? Il ne faudrait pas beaucoup presser la loi naturelle de solidarité pour
en exprimer, sinon l'idée d'une irresponsabilité
totale de l'individu, du moins celle d'une atténua-
tion presque indéfinie de notre responsabilité
individuelle. On voit assez toutes les faiblesses,
toutes les fautes, tous les crimes que risquerait
de favoriser un tel principe.

Ainsi, le simple fait brut de la solidarité humaine conduit avec logique, quoi qu'il en semble
d'abord, à des conséquences franchement im-
morales, soit en matière de devoir, soit en matière
de responsabilité. L'esprit moral, dès lors, ne
saurait être créé de toutes pièces par la seule
constatation de ce fait. Il a sa source plus haut
et plus loin. La loi naturelle de solidarité peut
avoir des affinités spéciales avec la règle de la

conscience. Elle peut, mieux que toute autre loi
des choses, cadrer avec l'inspiration générale de
la moralité. Il n'en est pas moins vrai qu'elle n'acquiert un sens ou une valeur proprement morale
que dans l'esprit où elle trouve des germes préexis-
tants de vertu. Par elle-même, elle est « amorale »,
comme tout ce qui est pur instinct ou fatalité
pure. C'est une matière d'où la volonté peut, à
la rigueur, tirer le mal comme le bien. Mais
quand cette vérité positive de l'interdépendance
des hommes pénètre dans une intelligence par
ailleurs éprise déjà de beauté, de noblesse et de
bien, elle active et renforce singulièrement la
végétation de toutes les semences généreuses. Le
fait de la solidarité humaine ne suffirait pas à
donner une voix aux consciences muettes ; du
moins apporte-t-il une ampleur, une précision,
une sonorité toutes nouvelles à la voix propre
de la conscience. Il est pour le verbe moral un
résonnateur merveilleux. C'est chimère de chercher dans ce fait l'âme même de la moralité :
l'âme de la moralité est ailleurs, au plus profond
de l'esprit ; mais c'est dans le principe de la
solidarité entre les hommes que cette âme diffuse
de moralité, facteur le plus intime et le plus
nécessaire de la vie spirituelle, prend le mieux
corps.

II

La loi positive de la solidarité rattache l'un à l'autre, par un lien de dépendance réciproque, l'individu et la société humaine tout entière. Elle nous montre qu'un homme ne saurait, en fait, vivre complètement à part de ses semblables, mais qu'il leur emprunte, de toute nécessité, la plupart des éléments ou des conditions de son existence ; de telle sorte que son état propre dépend, en très grande partie, de celui du milieu social. L'individualité, par suite, nous paraît être toujours fonction de la société. Mais elle ne s'y absorbe pas tout entière, au point de disparaître absolument. Il n'y aurait plus alors commerce mutuel, échange d'action entre la société et l'individu. L'une serait tout ; l'autre ne serait rien. Cette conception ne détruirait pas seulement la solidarité vraie ; elle serait en contradiction avec elle-même. En effet, la société n'existe réellement qu'à titre de réunion d'individus. Et si chaque individu était de lui-même un néant, par quel miracle la réunion de tous ces purs néants pourrait-elle produire quelque chose ? L'action réelle de la société sur l'individu implique, à vrai dire, une action non moins réelle de l'individu sur la société. C'est une très fausse interprétation de la solidarité humaine que celle qui réduit l'homme au rang d'un simple rouage, par lui-même inerte, dans l'immense mécanisme de l'humanité. On abuse des oppositions symétriques quand on rejette vers l'individu toute la passivité, et toute l'activité efficace vers la collectivité. Dans le fond, l'individu ainsi que la société sont tour à tour passifs et actifs. L'action constamment circule de l'un à l'autre. L'un ne fait rien qui ne retentisse à quelque degré sur l'autre, et réciproquement. Ils s'élèvent ensemble ; ils s'abaissent ensemble ; ils sont unis dans le bien comme dans le mal, dans le progrès comme dans la décadence. Sous une forme un peu simpliste, — nous ne nous le dissimulons pas, — mais juste en moyenne du moins, voilà le vrai principe de la solidarité effective entre les hommes.

Or ce principe nous apparaîtra gros de conséquences morales importantes, si nous savons l'envisager comme il faut, c'est-à-dire du point de vue propre de la conscience. Il apporte la plus précieuse contribution au sentiment de la responsabilité, comme à celui de l'obligation ou du devoir.

Toute action de l'individu a son retentissement

fatal dans la société. Nos actions, d'ordre physique ou moral, n'échapperont donc pas à cette
loi. Ce n'est pas nous seulement qu'elles intéressent, mais aussi, par ordre de décroissance,
notre famille, notre corporation et notre ville,
notre pays, même, si peu que ce soit, les autres
nations et l'humanité présente tout entière. Le
mal que nous commettons fait inévitablement
tache d'huile autour de nous. Il débordera sur
l'avenir, comme il s'étend dans le présent. Les
générations qui naîtront de nous ne manqueront
pas d'en souffrir. Nos imprudences physiques
ruinent par avance leur santé. Nos erreurs faus-
sent par avance leur intelligence. Nos défaillances
morales et nos fautes corrompent d'avance leur
volonté. Chacun de nos actes est pareil à une
voix qui se répercute à l'infini dans les profondeurs de l'espace et du temps. Elle s'affaiblit
sans doute à mesure qu'elle s'éloigne ; mais
jamais elle ne s'éteindra tout à fait, et ses vibrations trembleront encore dans les voix plus
fortes des siècles futurs. Chacune de nos actions
sème le bien ou le mal pour l'éternité. Si individuelle qu'elle soit dans son principe, elle a toujours une portée morale universelle, infinie.
Imbus de ces vérités, nous comprendrons mieux
la valeur de notre propre conduite. Nous saisi-

rons toute la gravité, toute l'importance de l'action personnelle. Nous apporterons à la bonne direction de notre vie la réflexion et le sérieux qu'elle mérite. Conscients des intérêts vastes et profonds que nos décisions engagent, nous ne prendrons celles-ci qu'à bon escient. Nous sacrifierons volontiers nos propres satisfactions immédiates, quand il nous apparaîtra que les hommes, autour de nous et après nous, auraient à en souffrir. En avivant et en exaltant singulièrement le sentiment de notre responsabilité personnelle, l'idée de la solidarité humaine nous rendra, tout à la fois, plus sévères pour nous-mêmes et plus forts.

Exigeant au point de vue de l'individu même, le sentiment de la responsabilité n'a toute sa valeur morale que s'il est large et indulgent dans ses applications aux autres hommes. Prise comme il convient, la notion de la solidarité générale favorisera cette générosité de nos jugements moraux. S'agit-il d'apprécier notre responsabilité propre, c'est dans l'avenir surtout que nous devons envisager la solidarité de tous les êtres. S'agit-il, au contraire, d'estimer la responsabilité d'autrui dans le mal, c'est plutôt du côté du passé que nous considérerons ce même principe. Alors nous apparaîtront clairement les diverses influences de milieu qui ont contribué à déterminer la faute : misère, maladie peut-être, mauvaise éducation, ignorance, mauvaises fréquentations, mauvais exemples. A nos yeux, chacune de ces circonstances prendra l'aspect d'une excuse pour le coupable. Assurément, nous n'irons pas jusqu'à dire qu'il n'est pour rien dans le mal commis ; car, si puissants qu'aient été sur lui les entraînements extérieurs, il a eu tout au moins le tort de s'y prêter et d'y consentir en fin de compte. Mais, sans nier la responsabilité personnelle de notre semblable, nous concevrons dans sa faute une certaine responsabilité collective de la société, qui vient en diminution de la sienne. Nous reconnaîtrons que les hommes en général, ceux du passé comme ceux du présent, ne sont pas étrangers à ce mal ; qu'ils en sont un peu les complices, aussi indirectement qu'on le voudra. Et cette réflexion, mère de faiblesse et de vice, si nous y cherchions une excuse de nos propres fautes, sera salutaire, tout à l'opposé, si elle nous aide à comprendre la faute d'autrui. Nous songerons, en effet, qu'il serait injuste de reprocher à un seul une faute qui est, jusqu'à un certain point, celle de tous. Nous songerons surtout que cette faute est aussi la nôtre, et que nous serions bien mal venus à faire preuve contre son auteur d'une intransigeante sévérité. Ainsi, la solidarité humaine, prise du biais qu'il faut, est conseillère d'indulgence envers les autres, comme de sévérité envers soi-même. Elle contribue par là doublement au progrès de l'idée morale de responsabilité. Si la justice pénale, dure et même cruelle autrefois, se montre maintenant plus pitoyable; si, dans l'application du châtiment, elle sait tenir compte, avec équité, des circonstances particulières du délit; si elle tend à « l'individualisation de la peine », et, de façon générale, à son allègement, persuadée que la société, au lieu de dépenser toute son énergie à frapper le coupable, doit en réserver une bonne part à se réformer elle-même, afin de prévenir le retour des mêmes crimes, c'est, à coup sûr, la diffusion du principe positif de la solidarité humaine qui nous a valu surtout cette heureuse transformation. Les « bons juges » sont ceux qui, dans leurs sentences, s'inspirent de ce principe.

Nous le voyons du même coup, il n'a pas secondé seulement l'extension, ou la « socialisation » et l'approfondissement de l'idée de responsabilité; il a exercé une influence pareille sur le développement de l'idée de devoir ou d'obligation. Du jour où l'on eut conçu nettement

l'action puissante et continuelle de la société sur
l'individu, on comprit que la société même a des
devoirs. Elle ne peut se désintéresser moralement
de ce qui se passe dans son sein. Elle ne peut
laisser aux seuls bons vouloirs et aux seuls
efforts individuels toute la charge de l'amélioration de la vie humaine. Puisque son influence
est réelle et profonde, elle doit avoir soin de la
régler sur la justice et le bien. Autrement, les
individus seraient en droit de lui reprocher les
injustices et les maux dont ils souffriraient par
son fait. Ainsi put s'élaborer la notion de devoirs
collectifs en rapport avec la responsabilité collective ou sociale. Une sorte de conscience sociale
se formait ; et cette conscience prenait de plus
en plus de délicatesse, à mesure que les liens
divers de la solidarité positive étaient de mieux
en mieux démêlés. Par exemple, la société se
reconnaissait l'obligation véritable de prendre
des mesures générales en vue de sauvegarder la
santé publique. Au point de vue économique,
elle se faisait un devoir, non seulement d'épar-
gner aux individus toute spoliation injuste, mais
de favoriser par ses règlements, ses lois et ses
institutions, le développement croissant de la
richesse et sa répartition de plus en plus équitable. Dans l'ordre intellectuel, non contente de

supprimer tout obstacle à la découverte individuelle de la vérité et à sa propagation, elle con-
cevait la nécessité morale d'assurer elle-même à
tous ses membres la possession de cette somme
de vérités élémentaires qui est indispensable à
la direction un peu réfléchie de la vie et à l'acquisition de toute vérité plus haute. De même,
dans tous les autres champs de l'activité humaine, la société, à mesure qu'elle appréciait
mieux, par le progrès de la notion de solidarité,
l'étendue de son influence naturelle sur les individus, pouvait aussi mieux sentir l'obligation de
travailler avec eux, négativement et positivement, au progrès commun. Le devoir social,
qui se résume en deux mots : ne pas gêner les
efforts individuels vers le mieux, mais les
susciter, au contraire, et les encourager, se ré-
vélait dans une lumière de plus en plus vive.
C'est à cette conscience croissante des devoirs
de la collectivité qu'il convient de rattacher,
dans les nations civilisées et en particulier chez
nous, tant de mesures publiques ayant pour
objet d'apporter aux individus, surtout aux plus
dénués, un peu plus de justice et un peu plus de
bien-être. Dans la mesure où il a servi le progrès du sentiment du devoir collectif, on peut
donc attribuer aussi au principe de la solidarité

entre hommes le mérite de toutes ces heureuses et belles réformes.

Ce principe enfin contribue d'une autre façon à la « socialisation » et à l'approfondissement de l'idée du devoir. Si la société, se tournant vers l'avenir, comprend mieux, par la solidarité, l'urgence de son devoir envers les individus, l'individu, à son tour, se tournant vers le passé et considérant le chemin parcouru déjà par l'humanité, comprend mieux, au moyen de la même loi, toute l'urgence de son devoir envers la société humaine. Parmi tous les biens dont nous jouissons, il n'en est pas un seul, à vrai dire, qui ne soit d'origine collective. Aliments, vêtements, habitations, outils, machines, richesses et capitaux de diverses espèces, commodités de vie, santé même, tout ce à quoi nous tenons, dans l'ordre matériel, nous vient, principalement, de nos semblables. Dans l'ordre moral, la science et la vérité, l'art et la beauté, même la noblesse d'âme, la délicatesse de conscience et la vertu, sont autant de bienfaits, très supérieurs encore aux premiers, dont nous sommes largement redevables aux autres hommes. Pendant des siècles et des siècles, les hommes ont peiné, de leur corps et de leur esprit, pour amasser tous ces trésors, dont la possession maintenant nous est si familière et comme si naturelle, que nous en méconnaissons l'infinie valeur. Nos ancêtres ont, à force de labeur, défriché le sol, et nous, les tard venus, sans peine nous récoltons. Ils ont été à la lutte, et c'est nous qui sommes au triomphe. Tout notre empire est fait de leurs obscures conquêtes ; notre sécurité, de leurs angoisses ; notre bien-être, de leurs misères ; nos joies, de leurs souffrances ; et les beautés les plus nobles de notre vie n'ont pu s'épanouir que dans l'humus peu à peu exhaussé des grossièretés et des laideurs de leur pauvre existence.

Songeant à tout ce long passé d'efforts et de douleurs, dont nous bénéficions gratuitement, comment, si nous avons dans l'âme quelque générosité, n'éprouverions-nous pas une sorte de scrupule et de confusion à jouir de tant de biens que d'autres nous ont acquis ? Comment ne sentirions-nous pas, avec une gratitude et une humilité profondes, l'écrasante énormité de notre dette envers l'humanité antérieure ? Puisqu'il nous est impossible de rendre aux générations mortes ce qu'elles ont fait pour nous, comment n'estimerions-nous pas juste, juste d'une justice stricte, de nous donner tout entiers, à notre tour, à l'œuvre qu'elles ont entreprise, où elles ont mis le meilleur d'elles-mêmes, et de reporter toute notre reconnaissance, tout notre bon vouloir, sur les générations présentes et futures, que nous pouvons efficacement servir ? Car, à qui sait comprendre toute la force de la solidarité, l'unité profonde et durable de l'espèce humaine apparaît. Les générations de demain et d'aujourd'hui ne forment, avec celles d'hier, qu'un seul et même « grand être ». Par cette identité intime, « la réversibilité des mérites » se conçoit. Nous nous sentons donc liés à la société présente et à venir de toute la force des obligations qui nous attachent à la société passée. Hantés par cette double idée de l'infinité de ce que nous pouvons rendre et de l'infinité de ce que nous avons reçu, réfléchissant, d'autre part, que la loi de solidarité étend jusqu'à nos semblables l'efficacité de nos moindres actions, nous voyons, même dans nos actes les plus personnels, des moyens de nous acquitter, bien imparfaitement, envers l'humanité. Nous ne négligeons pas le soin de notre propre perfectionnement, mais nous y travaillons dans un esprit plus désintéressé. C'est surtout pour le bien des autres que nous voulons être meilleurs. Les devoirs individuels prennent à nos yeux un aspect social qui nous les rend encore plus sacrés. Nous nous oublions vraiment, en un sens, et au travers de notre amélioration personnelle, c'est, avant tout, le progrès de la race humaine que nous poursuivons.

Ainsi, dans l'âme noble, le principe de la solidarité des hommes tend à « socialiser » jusqu'aux obligations de l'individu envers lui-même. L'effet général de ce principe, du moins quand il ne tombe pas sur un sol moralement stérile, c'est de changer l'orientation d'ensemble et, si l'on ose ainsi dire, toute la physionomie de la moralité. L'inspiration morale à tendances surtout personnelles fait place à une inspiration morale à tendances plutôt collectives ; le souci, autrefois prépondérant, de la perfection individuelle s'efface devant la préoccupation dominante de la perfection commune. C'est, en deux mots, l'histoire du progrès moral dans son ensemble, depuis l'antiquité jusqu'à nos jours. La cause principale de ce grand mouvement qui a transporté l'axe de la moralité de la morale individuelle vers la morale sociale se trouve dans la découverte graduelle de la loi de solidarité. Et ce n'est point par un pur hasard que le siècle du « solidarisme » est en même temps celui des grands efforts et des grandes recherches en matière sociale, du socialisme et de la sociologie.

III

Le principe positif de la solidarité humaine aboutit donc à développer dans les cœurs bien nés, comme on disait autrefois, un juste amour de l'humanité. Versé dans un esprit imprégné déjà par lui-même de moralité, il se précipite en désintéressement, en gratitude et en bienveillance active envers autrui. Dès lors, la solidarité, de cause efficiente qu'elle était, devient cause finale. Nous nous y attachons ; nous la voulons ; nous allons, pour ainsi dire, au-devant d'elle. Nous travaillons de toutes nos forces, affectives, intellectuelles, volontaires, à resserrer toujours davantage les liens tissés déjà par la nature entre les hommes. Nous nous consacrons délibérément, librement, au service de l'humanité. La solidarité de fait et d'instinct, passant au travers des âmes éprises du bien, devient une solidarité des cœurs et des volontés ; la solidarité positive se transmue en quelque chose d'infiniment plus relevé et plus noble, la solidarité proprement morale.

A cette solidarité, qui n'est plus simplement subie, mais consentie avec joie, et mieux que cela, recherchée, notre langue française réserve

un nom, c'est celui de fraternité. La fraternité est
le spectre lumineux que donnent les rayons de la
solidarité en se réfractant de la nature dans
l'esprit. Si par morale de la solidarité humaine
ou « solidarisme » on entend une méthode de
vie tout entière dominée et éclairée par le devoir
de fraternité, personne ne refusera de se ranger
à une telle doctrine. La fraternité humaine résume effectivement et incarne en elle la moralité
tout entière. Mais, qu'on ne s'y méprenne pas :
la fraternité, principe proprement moral, ne
sort point, par je ne sais quelle génération spontanée, de la constatation pure et simple du fait
de la solidarité. Elle est fille de la conscience
et du bon vouloir plus encore que de la science.
Si elle se dégage de la solidarité positive, c'est à
condition qu'on envisage celle-ci avec un parti
pris de moralité déjà. Le fait de la solidarité
humaine ne crée pas, à lui tout seul, la moralité ;
il ne fait pas l'âme morale : ce caractère n'est
pas de ceux qui peuvent s'introduire dans l'âme,
du dehors. Mais cette âme, morale par nature,
— car âme et amour du bien c'est tout un, — la
notion de la solidarité, en y pénétrant, la féconde ; elle donne un corps à ses aspirations,
une physionomie à son rêve, une fin précise à
ses tendances, d'abord un peu vagues, vers le

mieux ; et le grand mot de la vie morale ou spirituelle, « fraternité », elle ne l'impose pas d'elle-même aux hommes, mais elle le souffle à leur conscience, qui s'y arrête et s'y tient, parce qu'elle y voit sa plus pure, sa plus belle et sa plus noble image (1).

(1) « Celui-ci est le meilleur, a dit Guyau, qui a le plus conscience de sa solidarité avec les autres êtres et avec le tout. »
(Guyau, *Education et hérédité*, ch. i, § 3, page 23.)
On souscrira volontiers à ce mot, s'il est bien entendu que la conscience maxima du fait de la solidarité universelle, condition nécessaire de la plus haute vertu, n'en est pas, à elle seule, la condition suffisante ; ou bien encore, que la conscience parfaite de notre solidarité avec les autres êtres n'est pas seulement la conscience d'un fait brut, mais en outre, celle d'une juste exigence de la raison et du cœur.

CHAPITRE II

LA SOLIDARITÉ HUMAINE ET L'INSTRUCTION DE LA DÉMOCRATIE.

I

Le développement de l'intelligence et du savoir est la condition nécessaire du progrès humain. Il n'en est pas, à lui seul, la condition suffisante. Sur ce point, les partisans de l'intellectualisme exclusif se sont trompés. Ils ont trop escompté la puissance de la pure raison. C'est une noble chimère, mais une chimère pourtant, que de croire que l'humanité deviendra fatalement meilleure, plus juste et du coup plus heureuse, dès l'instant qu'elle sera plus savante et plus apte à se rendre un compte exact des choses par la réflexion. L'intelligence, en nous, se mêle à d'autres principes. Elle est la lumière qui nous guide dans le sage emploi de nos forces ; mais toute force ne vient pas d'elle. Si le progrès est œuvre de pensée et de science, il est œuvre également d'énergie et de volonté : il suppose, avant

17*

tout peut être, le bon vouloir, le désintéressement, la générosité d'âme. Seulement, la vertu même et la noblesse de cœur puisent en partie leur sève dans le savoir et dans la clairvoyance de l'esprit. Il nous devient incomparablement plus facile de résister aux entraînements de l'égoïsme naturel, soit dans l'ordre de l'action, soit dans celui du sentiment, lorsque, en particulier, nous avons reconnu avec un peu d'exactitude et analysé avec quelque détail le fait de la solidarité générale des hommes. La connaissance nette et suffisamment approfondie de ce fait capital, celle aussi des autres faits et des autres principes propres à fournir à notre existence des directions utiles, comptent donc parmi les plus importants facteurs du progrès humain. Ces notions essentielles, c'est l'instruction qui nous les procure. Il en résulte que, en ce qui concerne celle-ci, les conséquences morales du principe de la solidarité effective entre les hommes doivent avoir à nos yeux une valeur éminente. Elles sont dignes de fixer spécialement notre attention. Elles intéressent directement : les unes, la société dans son ensemble ; les autres, les individus et les classes.

II

La société, tout d'abord, ne perdra pas de vue l'importance fondamentale de la vie intellectuelle dans la vie humaine en général. Elle comprendra par suite le prix tout à fait supérieur de cet héritage de science et de réflexion qu'elle a reçu du passé. Elle se rendra compte que ce legs inestimable entre ses mains ne doit pas dépérir ; mais qu'elle a l'obligation stricte de le transmettre, encore accru, à la société de demain. Or la science et la réflexion humaines n'ont pas d'autres sièges que les intelligences individuelles des hommes. La société regardera donc comme un de ses devoirs les plus urgents de favoriser la culture intellectuelle de tous ses membres, de développer le plus possible et, dans une certaine mesure, d'assurer l'instruction des individus.

En manquant à cette règle maîtresse, elle se désarmerait elle-même. De quel droit demanderait-elle compte aux individus du mal qu'ils auraient pu commettre, si elle avait laissé leurs esprits croupir et se corrompre dans l'ignorance ? Pour obéir aux légitimes lois, une condition première est requise : c'est de les connaître. L'ignorance, quand elle est fatale, a pour suite nécessaire l'innocence. Elle ne va pas sans l'irresponsabilité.

Elle ne va pas non plus, ou du moins ne va guère, sans l'impuissance et la faiblesse. La société qui négligerait l'instruction de ses membres, ferait délibérément le sacrifice de ses forces vives. Au fond, la puissance d'un État n'est jamais faite que des puissances accumulées des individus dont il est formé. Or, tout le monde le sait depuis Descartes et Bacon, le pouvoir de l'homme est directement proportionnel à son savoir. La force la plus efficace et la plus féconde n'est pas la force brute, si énorme qu'elle soit, mais la force intelligente. Le mastodonte n'a pu qu'engraisser le sol de sa masse stupide autant que gigantesque. L'homme, si frêle à côté de lui, a, par la vigueur de son cerveau, changé la face du monde. L'avenir, dans l'ordre individuel comme dans l'ordre collectif, est aux énergies instruites et éclairées.

Surtout, cette « synergie », qui est comme l'âme de puissance et de vie d'une société ; cette convergence générale, assidue, volontaire, de tous les efforts individuels, d'où sort, dans la plénitude de sa force, le pouvoir social, tout cela ne peut être obtenu, avec un peu d'assurance et de stabilité, que d'hommes ayant reçu la notion de la solidarité réelle des êtres humains, s'en étant pénétrés, ayant enfin puisé, d'une part dans la claire intelligence de cette grande vérité, d'autre part dans la noblesse et la générosité de leurs âmes, la résolution de travailler constamment, avec zèle et lumière, au bien commun.

S'il est des nécessités sociales que la démocratie française a tardivement ou mal comprises, ce n'est pas celle de l'instruction. Une de ses gloires les plus pures sera d'avoir largement ouvert à tout le monde et de toutes parts les sources du savoir. Peut-être n'y a-t-il pas de société qui, plus que notre France contemporaine, ait eu la conscience délicate et vive, sinon toujours très avisée, de ses devoirs fondamentaux envers les intelligences individuelles. Disons-le bien haut, à la louange de notre pays, puisqu'assez d'autres raisons nous empêcheraient de concevoir un orgueil national sans mesure, et que, d'autre part, l'étranger se montre souvent trop prompt à contester, voire à nier, nos mérites et nos droits, même les plus clairs.

L'État, chez nous, a voulu, tout d'abord, que l'instruction primaire ne manquât à personne. Il l'a donc décrétée gratuite et obligatoire. De la sorte il garantissait à tous les citoyens, même aux plus misérables, l'indispensable pain de l'intelligence. Lecture, écriture, calcul, éléments d'histoire, de géographie, de morale ; notions civiques essentielles : c'est peu de chose, sans doute ; et cependant c'est de quoi stimuler déjà l'appétit intellectuel, et permettre aux esprits que n'auraient pas rassasiés ces aliments rudimentaires, de chercher et de trouver eux-mêmes, par la suite, une nourriture plus substantielle de la pensée. Il faudrait seulement veiller avec soin à ce que les plus louables intentions de l'État ne demeurassent point de celles dont l'enfer est, dit-on, pavé. Les exigences du travail des champs en particulier, l'incurie coupable des parents, les distractions ou la tolérance outrée de nos administrations locales, privent encore bon nombre d'enfants de ces tout premiers bienfaits du savoir, ou ne leur y laissent qu'une participation fort insuffisante. Nous avons, à ce sujet, des témoignages tout récents, qu'il y aurait mauvaise grâce à suspecter d'incompétence ou de pessimisme. Ils attestent que la proportion des illettrés, si l'on y comprend ceux qui savent à peine écrire et lire, s'élève, de nos jours, en France, à près de 30 0/0. C'est un danger grave, parce qu'il est radical et sourd, très propre en conséquence à s'aggraver à notre insu, pour se révéler trop tard par de brusques effets désastreux. Il importe d'y parer sans délai. Voilà pourquoi, justement, on se préoccupe aujourd'hui de renforcer l'obligation scolaire.

Dans un autre canton du même domaine, l'État avait déjà fait mieux. Il n'entend pas que la pauvreté ferme à jamais les portes de nos établissements secondaires d'instruction aux enfants capables de fréquenter avec fruit les collèges ou les lycées. Il a donc créé des bourses qu'obtiennent au concours les élèves qui ont fait preuve d'aptitudes marquées. Les départements et les villes ont, dans cette œuvre généreuse, rivalisé avec l'État lui-même. Les bourses nationales, départementales, municipales, sont de plus en plus nombreuses. Dès maintenant, elles existent en assez grande abondance pour qu'on puisse dire qu'il est peu d'écoliers s'étant nettement signalés dans leurs études primaires, qui ne soient mis à même de recevoir sans frais lourds, sinon tout à fait gratuitement, l'enseignement secondaire.

Certains esprits chagrins ont même protesté contre ces largesses. Ils ont prétendu, avec un sourire de malice, que nos lycées et nos collèges sont presque entièrement peuplés de boursiers, en sorte qu'il n'y aurait, d'après eux, presque rien de changé dans l'état de choses présent, le jour où la gratuité de l'instruction secondaire serait à son tour décidée. Car cette idée elle-même commence à faire son chemin. On l'a vue se produire au Parlement dans les derniers rapports sur le budget de l'instruction publique. Et la question du « lycée gratuit » est actuellement à l'ordre du jour, même de l'opinion. Ce serait une grosse réforme, et, quoi qu'on en ait dit, très onéreuse encore pour les finances du pays. Avec nos préjugés persistants sur la supériorité des carrières dites libérales ou sur les beautés, les sécurités et les joies du fonctionnarisme, sans doute y aurait-il lieu de craindre l'invasion de nos collèges par des non-valeurs qu'une culture trop forte ou mal-appropriée à leurs réels besoins transformerait bientôt en valeurs franchement nuisibles. Le lycée gratuit deviendrait un véritable péril national, s'il devait être, en même temps, le lycée universel. Autant il est désirable que nul enfant ne soit privé, par simple manque de ressources pécuniaires, du bien suprême de « l'instruction intégrale », autant il serait chimérique et dangereux de réclamer cette culture supérieure pour tous les esprits sans aucune exception. Dire qu'une porte doit être ouverte à tout le monde, ce n'est pas dire que tout le monde doit passer par cette porte, quoi qu'en puisse penser notre simplisme égalitaire. La gratuité de l'instruction secondaire appellerait donc, à titre de compléments indispensables, une sélection méthodique et sévère entre les intelligences, ainsi qu'une organisation de l'enseignement plus souple et moins uniforme qu'elle ne l'est dans nos lycées et collèges d'à présent. Mais, quel que soit le détail des mesures à prendre en fin de compte, du moins l'idée générale de cette réforme peut-elle être retenue comme une marque frappante du mouvement qui porte aujourd'hui l'État français à faciliter à tous, avec une largesse de plus en plus grande, l'accès de tous les enseignements. A le bien interpréter, on ne saurait qu'applaudir à ce principe naguère formulé dans une déclaration solennelle : qu'il convient « de rendre l'enseignement de plus en plus démocratique en le mettant, à tous les degrés, à la portée des enfants du peuple, selon des conditions d'aptitude et non plus seulement de fortune (1). »

Jusque dans l'économie de notre enseignement

____

(1) Déclaration ministérielle du 12 juin 1906.

supérieur, la même tendance généreuse s'est fait sentir. Cet enseignement semble devoir être, par nature, un peu fermé, puisqu'il a pour mission de guider des études spécialement approfondies. Pourtant, sans parler des bourses qui existent ici encore, on a pris soin de mettre le seuil de nos diverses Facultés au niveau des fortunes les plus modestes. Les droits d'inscription, pour nos étudiants, sont minimes. Par l'institution de cours publics réguliers on a permis à tout esprit curieux de bénéficier, pour une part tout au moins, des travaux personnels des professeurs en vue d'accroître la science. Certaines villes enfin, dont il n'y aurait pas à chercher bien loin des exemples (1), non satisfaites des commodités offertes à chacun de nous par l'État, en ce qui concerne l'instruction supérieure, ont créé de leurs propres deniers, dans les Facultés, des cours supplémentaires tout particulièrement destinés au public populaire, et qui, faits pour cette raison à la fin de la journée, quand le travailleur est enfin libre de songer à son éducation intellectuelle, ont reçu presque partout le nom de « Cours du soir ». Il conviendrait, au surplus, de faire en

____

(1) Il existe à Grenoble des « cours du soir » subventionnés par la ville.

sorte que cet enseignement populaire des Universités parvînt exactement à son adresse. C'est, il faut bien l'avouer, la grosse difficulté. La solution en doit être sans doute demandée, non pas seulement à une judicieuse organisation matérielle de ces cours; à un choix très réfléchi des jours, des heures et des lieux ; à l'emploi fréquent des images, même de la musique, des expériences et de tous les autres auxiliaires physiques de l'attention ; mais encore et surtout, en attendant que les habitudes de curiosité proprement intellectuelle se soient davantage vulgarisées, à une relation très évidente des sujets traités avec les besoins et les intérêts courants dans chaque endroit ; enfin à la simplicité condescendante, familière, cordiale des professeurs, à l'ingénieuse liberté de leurs initiatives personnelles, à leur tact social.

Joignez à tant d'institutions déjà signalées les écoles spéciales ou professionnelles ; les instituts particuliers, dont le nombre va croissant (1); les musées de toutes sortes, scientifiques, artistiques, industriels, où les curieux et les travailleurs peuvent entrer gratuitement, du

_____

(1) Par exemple, « l'Institut électrotechnique » de Grenoble, particulièrement destiné à favoriser l'exploitation de la « houille blanche ».

moins à certaines heures et en certains jours ; les bibliothèques qui ne refusent à personne leurs richesses les plus précieuses : et vous aurez une idée des efforts qu'a déployés la France, à notre époque, en vue de répandre et de développer partout l'instruction.

Certes, il reste encore à faire, nous l'avons, en passant, indiqué. Mais les lacunes et les imperfections de notre système national d'enseignement sont plus encore, peut-être, formelles que matérielles. C'est la direction générale de cette instruction abondamment départie, de nos jours, à tous nos enfants et à tous les citoyens, qu'il serait, semble-t-il, à propos surtout de modifier. Il y a un savoir beaucoup plus utile que tout autre au progrès humain, parce qu'il a une portée morale tout autant qu'intellectuelle : c'est, nous l'avons déjà vu, celui qui a pour objet la vie même des sociétés et la solidarité humaine. Il serait bon que l'État tournât franchement de ce côté son principal effort de culture des esprits. Le nœud de l'existence sociale doit être aussi le nœud de tous nos enseignements. Il y a des enseignements un peu abstraits et morts, qui, rattachés à ce centre, chauffés à ce foyer de vie, y puiseraient une animation, un intérêt, un charme, une fécondité

tout à fait inespérés. Il serait à désirer que l'on se
fît une règle commune et fondamentale de dégager la valeur sociale et humaine de tout savoir
que l'on distribue. Toutes nos écoles, primaires,
secondaires, supérieures, devraient être, avant
tout, des écoles de solidarité. Ce grand principe
serait comme l'épine dorsale du corps de nos programmes ; il en assurerait à la fois l'unité, l'harmonie et la vie. Tout n'est assurément pas fait
à cet égard ; mais l'œuvre du moins est commencée. L'inspiration sociale, dès maintenant,
renouvelle et ranime nos vieilles méthodes
d'instruction. L'Université s'est ouverte avec un
peu de surprise et se sent intimement tressaillir
à ces souffles de renouveau. Ici comme ailleurs,
la « socialisation » marche d'un pas rapide. Et
ce n'est pas en vain que des philosophes pré-
curseurs, comme M. A. Fouillée dans tous ses
ouvrages sur l'enseignement, auront demandé
que l'instruction, ayant pour fin suprême de
former des êtres utiles à la société et à l'humanité, soit à base morale et sociale (1), ou, d'un
seul mot, à base de solidarité.

(1) Voir notamment : Fouillée, *l'Enseignement au point
de vue national*, l V, ch. I. — M. Fouillée, comme on sait,
est, chez nous, le principal défenseur de ce qu'on pourrait
appeler le « sociologisme universel. » —
   Voir aussi : Guyau, *Education et hérédité*, ch. v,

III

L'État, en France, travaille avec une bonne volonté méritoire à généraliser la science et à distribuer impartialement l'instruction. Mais, quoi qu'il fasse, jamais il ne réussira, sous ce rapport comme sous tous les autres, à établir une égalité parfaite entre les individus. Il y aura toujours des hommes qui seront, dans la culture intellectuelle, plus favorisés en fait que les autres, et qui, en raison de leur éducation, comme aussi de leur situation particulière et de leurs fonctions dans la société, auront sur la foule de leurs semblables une notable supériorité, sinon toujours d'intelligence, — car il est dans la masse peu cultivée des esprits très vifs et très forts, — du moins de science et d'acquis. Ces privilégiés de l'instruction sont par là même astreints à des devoirs spéciaux. La culture de

l'Ecole ; surtout : § 2 (l'Enseignement moral) et § 4 (Nécessité de l'enseignement civique à tous les degrés de l'instruction) ;

Izoulet, *la Cité moderne*, l. III, la Morale bio-sociale ; ch. x, l'École et la moralité (p. 469 à 485) ;

enfin les divers recueils de leçons, conférences ou discussions publiés, au cours de ces dernières années, soit par l'École des hautes études sociales, soit par le Collège libre des sciences sociales. (Alcan, éditeur : Bibliothèque générale des sciences sociales.)

la pensée produit des obligations nouvelles, en même temps qu'elle renforce et resserre les obligations communes.

L'avocat, le juge, le médecin, l'artiste, le savant ou le professeur connaissent de toute nécessité bien des choses qu'ignore le vulgaire. Leurs professions exigent une éducation spéciale de l'esprit. En se préparant d'abord à leurs fonctions, et surtout en les exerçant plus tard, ils ont occasion de se familiariser avec maintes idées qui débordent le cercle étroit des notions courantes. Ils sont conduits à réfléchir sur cette grande et primordiale matière de la solidarité humaine envisagée, soit dans son ensemble, soit dans l'un ou l'autre de ses aspects particuliers. Comment l'avocat ou le juge n'attacheraient-ils point spécialement leur attention à la solidarité juridique ou criminelle ? Le médecin, à la solidarité physiologique ? L'artiste, à la solidarité esthétique ? Le savant, à la solidarité intellectuelle ? Les individus qui suivent les carrières appelées libérales ont donc, en principe, mieux pénétré que les autres l'interdépendance des hommes dans la santé, dans la richesse, dans l'art, dans la science ou dans la moralité ; ils ont pu saisir plus à vif et plus à fond la loi souveraine de solidarité. De la sorte, ils se sont élevés et affranchis parce qu'ils se sont mieux liés.

Sachant avec plus d'exactitude et de détail ce qu'ils doivent à la société comme ce qu'ils peuvent pour elle, ils ont, ou du moins devraient avoir, un sentiment plus fort et plus profond de leurs responsabilités ainsi que de leurs devoirs envers l'humanité. S'ils manquent à ces devoirs, ils sont, en conséquence, tout particulièrement coupables. Les fautes contre la société peuvent être, sinon en totalité, du moins en partie excusables, de la part des ignorants qui n'ont pas eu loisir de démêler le mécanisme délicat et complexe des actions et réactions sociales. Ceux-là, plus d'une fois, font tort à leurs semblables sans même s'en douter. En tout cas, ils n'ont pas mesuré toute l'étendue de leur dette envers l'espèce humaine. Aussi leurs actes injustes ne nous apparaissent-ils pas, à la réflexion, comme des signes d'une ingratitude révoltante et d'une perversité gangrenant jusqu'aux moelles. Mais les hommes qui savent ce qu'ils font et ce qu'ils ont reçu n'ont plus aucune excuse à nos yeux, quand nous constatons leur banqueroute au devoir et à l'humanité. Leurs défaillances ne sauraient s'expliquer que par la lâcheté ou la corruption intime de l'âme. Savoir oblige plus encore que noblesse, surtout si le savoir porte sur ce fait essentiel de la solidarité, d'où la conscience droite voit découler clairement toutes nos obligations envers la collectivité humaine. L'homme instruit, notamment l'homme versé dans la science de la solidarité, doit par là même à ses semblables l'exemple d'une fidélité scrupuleuse à toutes ses obligations.

Ce n'est pas tout. Ceux d'entre nous qui ont eu le bonheur de recevoir une instruction supérieure à la moyenne sont obligés de rendre des services plus directs aux autres esprits moins favorisés. La supériorité du savoir leur confère une sorte d'autorité spéciale. C'est une charge plutôt qu'une prérogative. A coup sûr, ils ne doivent pas en abuser pour obtenir de l'inexpérience ou de l'ignorance de la foule des privilèges injustes soit pour eux-mêmes, soit pour leur classe. Ils ne sauraient davantage, sous prétexte qu'ils ont plus de science, s'arroger le droit exorbitant de substituer leur personnalité à celles d'une multitude d'autres hommes, d'absorber en quelque sorte toutes ces personnalités étrangères, d'en faire le simple prolongement passif de la leur, et de les conduire despotiquement, de bon ou de mauvais gré, mais toujours à tâtons, vers des fins, si bonnes soient-elles en elles-mêmes, que ces volontés serves n'auraient pas, au préalable, reconnues pour légitimes, et acceptées. Ils doivent, par persuasion et par raison, remontrer à autrui ses intérêts supérieurs et ses vraies fins. Leur mission est d'aider fraternellement leurs semblables, non certes dans l'abdication de la liberté personnelle, mais dans le bon usage de celle-ci. Sur le vulgaire moins éclairé, l'homme instruit est investi d'une sorte de tutelle morale tout à fait semblable à celle du frère aîné sur ses cadets dans la famille.

Apportant donc à l'exercice de cette charge difficile tout le tact et toute la délicatesse nécessaires; prenant bien garde de ne pas blesser les susceptibilités légitimes de leurs frères moins avantagés intellectuellement, les hommes d'esprit cultivé prodigueront volontiers à la foule leurs enseignements et leurs conseils. Ils seront les directeurs de conscience bénévoles et scrupuleux des individus comme aussi de la collectivité. Toutes les fois que la pensée publique s'égare, c'est à eux qu'il appartiendra de la redresser, sans violence, par la force déliée mais souveraine de la persuasion ou de la vérité. Or ces occasions, il faut bien l'avouer, ne sont rares ni dans l'ordre matériel ou économique, ni dans l'ordre moral.

Les conflits entre le capital et le travail vont, à notre époque, se multipliant. Combien de grèves fécondes en misères se résoudraient plus vite, avec moins de maux et de douleurs pour les ouvriers notamment, si « ceux qui savent » prenaient alors la peine de renseigner, en toute sincérité et en toute affection, ceux qui sont moins à même de juger ! Les fauteurs intéressés de troubles ne manquent guère d'intervenir en pareille circonstance. Pourquoi l'honnêteté savante et judicieuse serait-elle moins active ? L'obligation de tous les hommes instruits et sages, non pas seulement des gouvernants, serait, quand ils le peuvent, d'entrer personnellement, en arbitres et en conseils volontaires, dans la mêlée, et, sans feinte aussi bien que sans flatterie, de dire à chacun des adversaires, à ceux-là surtout dont l'ignorance risque d'être aisément leurrée : « Voici, en toute franchise, votre droit ; et voici maintenant votre devoir ! »

En matière morale, les problèmes que pose à chaque instant l'existence collective sont particulièrement délicats. Si les hommes, d'ordinaire, s'accordent sans trop de peine sur les principes, il en va tout autrement des applications. Quand elle pénètre dans l'atmosphère opaque et dense du réel, la pure et droite lumière de l'idéal semble se briser en mille rayons divergents. La justice est excellente en soi, qui songerait à le nier ? Mais dès qu'elle se mêle au détail infini de la vie sociale, combien d'interprétations différentes peut recevoir cette grande loi ! Ne voit-on pas l'iniquité même se réclamer de son autorité souveraine ? La liberté est aussi notre idole à tous. Mais, en fait, combien de manières, parfois étranges, de lui marquer notre adoration et de lui rendre notre culte ! Sous ce masque vénérable ne se cache-t-il pas, trop souvent, une réelle tyrannie ? Le mot fameux de Mme Roland est, hélas ! de tous les siècles. Or le sens commun, par lui-même assez droit, se laisse, en revanche, trop facilement piper aux déguisements et aux apparences ; faute d'un esprit critique assez vigoureux, il cède sans grande résistance aux suggestions captieuses des hommes ou des partis. Il lui arrive ainsi de se méprendre lourdement sur les questions les plus simples. C'est aux intelligences honnêtes, clairvoyantes et fermes de lui ouvrir les yeux dans ces occasions ; de guider le sentiment public au milieu des embûches ou des obstacles semés sur sa route, et dussent-elles en souffrir dans leurs intérêts individuels, de contri-

buer de toutes leurs forces, pour le salut général, au règne de la vérité.

Quelque réserve, quelques délicats ménage-
ments qu'on y mette, il est assez difficile de faire
accepter avec une entière bonne grâce par d'autres
esprits la solution qu'on apporte toute faite à
une difficulté spéciale. Les conseils de circonstance ont toujours. quoi qu'on fasse, la mine un
peu suspecte ou blessante. Ils risquent d'emporter moins facilement crédit. Ils seraient bien
plus efficaces, s'ils avaient été donnés longtemps
à l'avance, de telle sorte que, au moment d'agir,
ils sortissent véritablement du fonds propre de
l'âme intéressée. Or cette direction à longue
échéance, bien plus féconde que l'autre, bien
plus respectueuse aussi de l'indépendance personnelle et des justes susceptibilités, il nous
est possible de la donner. Il suffit pour cela
de fournir par avance aux hommes des notions
assez larges et précises, des principes assez nets
et généraux pour que l'application en puisse
être faite, avec une sûreté relative, à la solution de problèmes multiples et variés. Sans
attendre que les nécessités de l'heure fassent
sentir leur aiguillon, nous prendrons donc l'initiative d'ouvrir à nos frères moins instruits le
sanctuaire, humble ou somptueux, de nos

connaissances générales. Nous répandrons généreusement, autour de nous, la bonne semence
des idées. Les moyens sont divers : écriture,
parole, livre, enseignement proprement dit,
conférences familières, simples conversations :
toute méthode nous sera bonne pour procurer à
nos semblables, en tenant compte de leurs
besoins spéciaux, les armes intellectuelles que
nous jugerons devoir leur être utiles par la suite
dans le combat moral de la vie. Par bienveillance fraternelle et perspicace, nous nous ferons
les maîtres, les instructeurs diligents et dévoués
des humbles, quel que soit par ailleurs notre
rôle dans la société.

On sait quel admirable concours de bonnes
volontés il s'est déjà produit chez nous dans cet
ordre d'idées. On sait combien de belles et utiles
œuvres ont pris naissance. Ce sont les cours
d'adultes organisés un peu partout dans l'enseignement primaire à l'usage des jeunes gens qui
ont quitté l'école, mais qui veulent entretenir et
compléter leurs connaissances ; ce sont encore
les universités populaires, où l'on voit tour à
tour enseigner des étudiants, des professeurs,
des avocats, des médecins, des journalistes,
des contremaîtres, des patrons ; ce sont les sociétés d'instruction mutuelle, où l'on se réunit

entre jeunes gens ou hommes de savoir inégal pour échanger simplement mais sérieusement des idées qui ne pourront que gagner à ce commerce; ce sont les sociétés de lectures populaires, où des gens de goût s'efforcent, par un enseignement familier et des sollicitations judicieuses, d'ouvrir de plus en plus l'esprit de la foule aux beautés de la littérature et de la pensée ; ce sont les entreprises de théâtre populaire, où l'on ménage aux travailleurs de loisir des distractions intelligentes et instructives, préservatrices en même temps des tentations grossières ; ce sont les conférences aux soldats, que Guyau, il y a plus de vingt ans, signalait déjà comme devant être « certainement un jour un des grands moyens de la vulgarisation des connaissances (1) » ; de fait, maints bons vouloirs, civils ou militaires, commencent, de nos jours, à mettre à profit cette méthode pour renseigner les jeunes gens, non pas seulement sur les devoirs et les noblesses réelles du service des armes, mais sur l'agriculture, l'industrie, le commerce, la vie sociale, les problèmes particulièrement importants de l'assurance et de la mutualité ; bref, sur toutes les questions qu'ont besoin de

(1) Guyau, *L'irréligion de l'avenir*, IIe partie, ch. VII, § 3, p. 295.

connaître des jeunes hommes qui ne font que passer par la caserne, et qui demain se trouveront aux prises avec toutes les difficultés de l'existence dans une société de plus en plus complexe et de plus en plus ardente à la lutte vitale. On ne saurait entreprendre d'épuiser la liste de toutes ces généreuses initiatives particulières. Elles viennent le plus heureusement du monde compléter, pour le bien de tous, les efforts de l'État dans l'œuvre de l'instruction générale et par suite du progrès commun.

Une même règle, il n'est peut-être pas mal à propos de le noter, doit présider à toutes ces entreprises du bon vouloir individuel pour qu'elles portent tout leur fruit : c'est ce qu'on pourrait appeler : la loi de l'échange constant des points de vue. Nous sommes enclins, par nature, à rechercher la société de nos pairs. C'est aux hommes dont les travaux, le genre de vie, les idées et les sentiments se rapprochent le plus des nôtres, que nous faisons aussi le plus volontiers part de notre pensée, dans la conversation, la conférence ou le livre. Entre esprits de même famille et gens de même situation, la sympathie est évidemment plus prompte, l'entente plus facile, le succès personnel mieux assuré. Mais c'est le résultat social de notre effort qui doit nous être surtout précieux. Or, à se trop enfermer dans un même milieu homogène, à s'en tenir trop exclusivement au même point de vue, les intelligences risquent d'étendre et d'aggraver, en elles comme autour d'elles, le règne des préjugés étroits de classe, de profession ou de secte. Il est mauvais de prêcher des auditeurs déjà convertis : de crainte de faire œuvre totalement vaine, on se laisse entraîner parfois à abonder sans mesure dans le sens de leur opinion. Il faudrait, au contraire, que l'homme instruit s'imposât la règle d'exercer son prosélytisme dans des régions sociales très éloignées de celle où il vit d'ordinaire, et sur des esprits très différents du sien par tournure. La vraie place de l'orateur bourgeois est dans les milieux populaires. Et de même, si, comme il arrive et comme il arrivera de plus en plus souvent, quelque ouvrier particulièrement expert en son art éprouve le besoin de communiquer au public ses idées, c'est aux classes dites aisées qu'il devrait s'adresser de préférence. On est surpris, dans maintes occasions, de voir combien les hommes s'ignorent d'une catégorie à l'autre, et combien de malentendus ou d'injustices engendre cette ignorance. La justice et la vérité, la paix entre les hommes, ne naîtront que du mélange intime des pensées, des personnes et des classes. Pour bien saisir la réalité dans toute son harmonieuse ampleur, il est nécessaire que chaque esprit sache se placer tour à tour aux points de vue les plus divers. Surprendre, choquer même les intelligences par la révélation d'un aspect des choses très imprévu et presque en opposition avec celui que leur avait seul laissé voir leur condition sociale, c'est, au fond, le plus grand service qu'il soit possible de leur rendre. Voilà pourquoi les hommes de savoir et de bonne volonté devraient, plus qu'ils ne font encore, se guider, dans leur œuvre d'instruction ou d'éducation mutuelle, sur le principe de l'échange ou de l'interversion régulière des points de vue.

Il fut un temps où la science n'avait pas le haut caractère d'expansion et de générosité qu'elle possède aujourd'hui. Elle renfermait plutôt l'individu en lui-même. Il s'exaltait jalousement, égoïstement, dans la pensée de sa supériorité rare. Le savant croyait être d'une autre essence que le vulgaire; il évitait de se mêler à lui, de peur de compromettre la pureté de cette essence supérieure, ou d'en diminuer le prix en la divulguant : la science était un principe d'orgueil, de reploiement sur soi, et de dédain. C'est qu'elle était encore trop courte et trop éloignée de la vie. Elle se tenait sur les sommets froids de l'abstraction. De là, les hommes ne lui apparaissaient plus guère, quand elle les voyait, qu'à la façon de Pygmées lointains, dont les démarches, souvent obscures et incohérentes, n'étaient pas dignes d'émouvoir la sereine raison. Son regard, du haut des cimes, embrassait vaguement de larges horizons ; et ne se doutant pas des mystères profonds et infinis de la réalité aperçue de si loin, elle croyait volontiers avoir fait le tour complet des choses, sondé tous les abîmes et deviné tous les secrets. Aujourd'hui, nous comprenons mieux la faiblesse et les limites du savoir le plus vaste et le plus fort. Nous avons plus exactement mesuré l'étendue et la richesse de l'univers. Nous savons combien de choses échappent, en tout sens, au plus instruit d'entre nous, et que notre science la plus large et la plus pénétrante, auprès de l'insondable immensité, n'est qu'un rien dont il n'y a pas lieu de personnellement s'enorgueillir. Surtout, la science est descendue des sommets jaloux et nuageux où elle se cantonnait. Elle s'est mise, de tout près, en face des choses humaines. Elle s'est mêlée de plus en plus intimement à la vie, à la société. Dans ce milieu vivant, elle a puisé la chaleur et la fécondité généreuses inhérentes à la vie. Bien loin de méconnaître ou d'oublier sa similitude et sa fraternité profondes avec les ignorants ou les humbles, l'homme instruit en a pris une conscience de plus en plus claire. La science s'est faite plus modeste, plus accueillante, plus prompte au don de soi, à mesure qu'elle se faisait plus humaine et plus sociale.

A vrai dire, lorsque l'avocat, le médecin, le savant, l'artiste ou le professeur convient la foule ouvrière à s'alimenter intellectuellement de leur savoir, ils ne s'imaginent pas faire une œuvre de charité toute gratuite et de mérite extraordinaire. Ce savoir, ils ont dû l'acquérir eux-mêmes par des études spéciales, souvent très prolongées. Or, sans parler de l'organisation sociale très complexe que supposent de telles études, et qui repose nécessairement sur les humbles assises du travail matériel commun, nos étudiants auraient-ils eu loisir de consacrer des années entières à leur préparation professionnelle et à leur instruction supérieure, si d'autres hommes, pendant ce temps, n'avaient obscurément vaqué pour eux aux besognes absorbantes, modestes, mais indispensables, de l'entretien de la vie physique ? Tandis que nous approfondissions, dans la paix sereine et féconde de la recherche désintéressée, les codes, les traités de médecine, les œuvres d'art, de science ou de philosophie, le peuple généreusement nous nourrissait, nous habillait, nous procurait le toit et l'abri. Quand une famille de pauvres laboureurs, à force de fatigues, de privations et de peines, a pu hausser l'un de ses enfants à quelque situation supérieure, qui songe à s'émerveiller que le fils élu revienne affectueusement vers le toit natal et s'efforce de faire part des avantages dont il jouit à ceux qui, en définitive, les lui ont donnés? Nous sommes, gens instruits, les enfants élus, les enfants gâtés du pauvre peuple. Lorsque nous retournons vers lui, le cœur ému, la main ouverte, pour lui offrir un peu des richesses intellectuelles et morales que son labeur seul nous a permis d'acquérir en abondance, nous n'avons pas à prendre la mine fière de héros d'abnégation : nous ne dépassons point les bornes d'une gratitude élémentaire et d'une stricte justice.

IV

En collaborant volontairement à l'œuvre de l'éducation et de l'instruction populaires, les classes instruites travaillent dans leur intérêt propre, comme dans celui de la justice et de l'espèce humaine tout entière. La culture intellectuelle et le savoir sont développés surtout dans les classes bourgeoises. Or le plus grand danger qui menace nos sociétés contemporaines, c'est le schisme violent, la lutte intestine et meurtrière du « prolétariat » et de la « bourgeoisie ».

Les ouvriers, de plus en plus nombreux, de plus en plus conscients de l'importance et de la lourdeur de leur tâche dans l'ensemble du travail social, se plaignent de n'avoir point une part équitable de bien-être. Ils s'indignent de ne pouvoir, faute de ressources et de loisirs, s'élever au même degré de vie spirituelle que leurs semblables des classes supérieures. Simplistes dans leurs conceptions, ils sont quelquefois tentés d'opposer entièrement leurs intérêts à ceux des autres hommes plus favorisés qu'eux. Leur pauvreté pense qu'elle trouverait un remède facile et sûr dans la destruction des fortunes existantes. Ceux qui, dans le passé, ont souffert de toutes les misères doivent, par une sorte d'interversion des rôles, prendre, dans l'avenir, la place de ceux qui, jusqu'à présent, ont joui de toutes les satisfactions. Et l'on en vient ainsi jusqu'à rêver, dans le peuple, d'un bouleversement brusque et profond qui, même au prix de la violence et du sang, porterait au pinacle les classes pauvres, trop longtemps écrasées du poids des autres. Ces utopies révolutionnaires ne doivent nous inspirer ni surprise, ni colère. Elles sont trop naturelles de la part d'êtres souffrants et d'ailleurs mal instruits des liens indénouables de solidarité entre les hommes. Bien mieux, elles traduisent à leur manière des aspirations en grande partie légitimes et dont on peut attendre de salutaires effets. Il s'agit seulement d'en éliminer les éléments dangereux, et de transformer par là en principe d'évolution et de progrès la force terrible qui pouvait être une cause de révolution, de décadence, de ruine.

Deux ennemis sont à redouter : l'envie et l'ignorance. Une seule et même tactique convient contre les deux.

Le remède à l'envie que tend spontanément à produire dans le cœur des misérables le contraste excessif entre des situations par trop inégales, c'est l'affection. Mais les classes aisées n'ont aucun droit de demander aux classes pauvres qu'elles prennent l'initiative de ce sentiment. Dans la famille, lorsqu'une petite querelle a éclaté entre nos enfants, laissant après elle un état persistant de tension et de demi-hostilité, nous savons fort bien dire à l'aîné : « Tu es le plus grand et le plus raisonnable ; tu dois faire les premières concessions et le premier pas ! » Mais nous sommes moins habiles à pratiquer nous-mêmes cette maxime dans la société. Pourtant, il faut le redire, les favorisés du sort et principalement de l'instruction sont, au regard de l'humanité la plus humble, comme des frères aînés. Par quelle étrange aberration exigeraient-ils donc de ceux qui ont à la fois le moins de bonheur et le moins de sagesse, qu'ils fussent néanmoins les plus raisonnables et les plus conciliants ? Ce n'est pas à la foule prolétaire de faire des avances aux classes privilégiées, puisqu'aussi bien ces classes ont survécu et survivront à l'abolition des privilèges. C'est aux classes privilégiées d'aller spontanément, simplement, affectueusement, vers le peuple ; de s'incliner sans dégoût, sans dédain, même sans pitié injurieuse, dans un sentiment sincère de justice aimante, sur ses souffrances et ses misères, et de lui tendre enfin, comme à un égal, comme à un supérieur même, puisqu'il souffre, et que la douleur est respectable et sainte, une main fraternelle.

Les grands devoirs portent avec eux leur sanction. L'homme instruit qui de la sorte aura su marcher, dans la sincérité de son cœur, au-devant des humbles et se pencher sur eux, trouvera dans cette démarche même des sources inépuisables de consolation, d'espoir, de réconfort et de philanthropie. Quel est celui d'entre nous qui n'a pas, quelque jour, désespéré un instant ? Un deuil soudain vous a frappés, ou bien un brusque revers. Les circonstances vous ont pris tout à coup dans des rets inextricables où vous ne voyez pas d'issue. Le choix s'impose, tragique, entre le devoir et le bien-être de ceux que vous aimez. De toutes parts vous vous heurtez à l'indifférente frivolité des hommes, à leur aveuglement sincère ou systématique, à leurs combinaisons impitoyables d'intérêts égoïstes, à des passions hostiles, peut-être adroitement pipées, mais violentes et têtues. Devant ces horizons noirs et bas, vous sentez vos forces fléchir, votre élan se rompre, vos bras tomber ; et vous murmurez le mot des défaillances et des renoncements lâches : « à quoi bon ? » — Allez au peuple : c'est lui qui vous sauvera. Par contraste avec les intelligences ou les cœurs médiocres que fausse et corrompt trop souvent une situation à laquelle ils étaient inégaux, vous saurez tout ce qu'il y a, au fond, de ferme droiture, de sûre justesse, de justice large et noble, voire même de délicatesse ingénieuse dans l'âme des simples. Le peuple, c'est le grand Océan, aux colères terribles, mais aux immensités reposantes, au rythme berceur, aux lames caressantes pour l'âme endolorie. Il a des rages, mais il n'a pas de bassesses ni de mal-propretés, et son amertume elle-même est saine et salubre. Jamais les énergies défaillantes ne s'y retrempent en vain. Il rend la force et l'espé-rance à qui se donne à lui. Le connaître, c'est l'aimer. Et quand on aime soi-même, on est bien près d'être aimé déjà.

Il ne suffit pas d'opposer à l'envie l'antidote de l'affection. Il faut combattre l'ignorance par le savoir (1). C'est en s'efforçant d'ouvrir les

(1) Qu'il nous soit permis, à ce sujet, d'invoquer encore une fois le témoignage de Guyau. On a souvent occasion de citer ce philosophe : c'est que, avec une admirable sûreté de divination, il a touché par avance presque tous les problèmes d'aujourd'hui et même de demain. Pourtant on est un peu surpris, tout d'abord, que ce grand apôtre de l'idée sociologique ait fait, dans son œuvre, une place assez minime à l'étude directe des problèmes proprement sociaux et du socialisme. Quelques paragraphes dissé-minés dans *la Morale anglaise contemporaine*, notam-ment : Ire partie, ch. iv, § 1 ; et IIe partie, l. III, ch. i, § 1 ; ch. iii, § 2 ; un certain nombre de poèmes, dans les *Vers d'un philosophe* : le Rémouleur, la Guerre, la Muselière, et surtout le Luxe ; dans *l'Esquisse d'une Mo-

yeux du peuple prolétaire sur ses véritables intérêts que les classes bourgeoises lui témoi-
gneront le mieux et le plus utilement leur zèle
affectueux. Pour achever de gagner le cœur et
l'esprit de vos frères ouvriers, faites-leur com-

rale sans obligation ni sanction, des considérations
ingénieuses et de grande portée peut-être, mais rapides,
sur le rôle du *risque* et de *l'assurance* en matière économique et sociale (l. II, ch. I, p. 149 à 151) ; dans
l'Irréligion de l'avenir : des fragments de l'étude sur la
religion et l'irréligion chez le peuple (IIe partie, ch. IV, § 2,
p. 196-7 et 200 à 202); plusieurs endroits du chapitre qui
traite des rapports entre la religion et la fécondité des races
(IIe partie, ch. VII, principalement p. 284 à 294) ; quelques
pages du chapitre sur l'individualisme religieux (IIIe partie,
ch. I, § 1, fin, p. 316 à 320) ; des indications précieuses au
cours du chapitre consacré à l'association (IIIe partie, ch. II,
p. 339 à 370) ; enfin un passage court mais substantiel
à propos du pessimisme contemporain (IIIe partie, ch. IV,
§ 2 : I, p. 406, et surtout II, p. 411 à 412) ; dans *l'Art au
point de vue sociologique*, au chap VIII, la deuxième partie
du § 5 où l'auteur examine les idées sociales de V. Hugo
(p. 239 à 248) : voilà, sauf erreur, tout ce que nous trouvons d'explicite relativement à des questions qui semblent,
à cette heure, particulièrement vitales ; et plus d'un esti-
mera sans doute que Guyau porte sur le socialisme un
jugement trop sommaire, quand il y voit un simple
« fonctionnarisme idéal ». — La vérité, c'est que Guyau,
avec les tendances idéalistes de son esprit et l'élévation
naturelle de sa pensée, devait, si l'on ose ainsi dire,
aborder le concept sociologique *par le haut*, et l'envisager
d'abord dans ses applications les plus originales et les plus
subtiles à l'art, à la morale, à la métaphysique et à la
religion. Mais, sans parler de l'évident intérêt *social* de
telles études, Guyau avait à un trop haut degré le souci de
la vie pratique et de l'action pour rester indifférent aux

prendre que leurs intérêts ne sont pas isolés, ni à plus forte raison antagonistes, mais solidaires des vôtres. Montrez-leur, — ils vous écouteront si vous parlez avec bonté et avec foi, — que le renversement brutal et soudain de l'ordre social

conséquences du principe sociologique dans l'ordre économique et politique. En dehors même de tout renseignement biographique particulier sur le philosophe, on ne craindra donc pas d'avancer que les problèmes proprement sociaux durent le préoccuper toujours et sans doute auraient de plus en plus fixé son attention, si la mort n'avait trop tôt interrompu son œuvre : un mouvement d'orientation de la pensée en ce sens se marque avec assez de clarté, lorsque l'on compare d'un peu près les premiers ouvrages du penseur aux derniers, et surtout à *l'Irréligion de l'avenir*. Dans ce livre, Guyau signale, avec sa perspicacité habituelle, les remèdes principaux sinon au socialisme, comme il dit, — car le socialisme n'est pas essentiellement un mal — du moins à ses excès dangereux. C'est, d'une part, le développement de la science et sa diffusion dans le peuple ; de l'autre, le progrès même de la sympathie et de la sociabilité :

« Le problème social se divise en deux questions distinctes, l'une relative au conflit des intérêts, l'autre au conflit des volontés ennemies... Le côté économique du problème social sera résolu le jour où l'accroissement simultané de la crise sociale et de la connaissance scientifique aura amené les classes aisées à cette conviction, qu'elles risquent de tout perdre en voulant tout garder, et les classes inférieures à cette conviction correspondante, qu'elles perdraient tout en voulant tout prendre, qu'elles verraient se fondre entre leurs mains les richesses convoitées, qu'en partageant à l'excès le capital on le stérilise, comme on tue un germe en le divisant. Le socialisme a son remède dans la science, — alors même que l'instruction contribuerait au contraire pendant un temps à ré-

présent serait également funeste à tout le monde. Expliquez leur patiemment que la voie du progrès et du salut est la même pour tous ; qu'elle ne va donc pas dans le sens d'une révolution complète dont les uns seraient les victimes, et les autres, les bénéficiaires ; mais dans le sens d'une évolution graduelle et sage de tous

pandre le socialisme. Le conflit des intérêts, une fois apaisé par le compromis des intelligences, se terminera par l'union progressive des volontés La solution la plus complète de la « question sociale » se trouve dans la sociabilité même de l'homme. Les aspérités des intérêts s'adouciront nécessairement par l'incontestable progrès de la sympathie sociale et des « sentiments altruistes ». (*Irréligion de l'avenir*, p. 411-412.)

C'est bien, à notre avis, dans ces deux grandes directions que doit s'exercer l'effort et que se trouvera le salut. Mais il convient : 1º de tourner de plus en plus l'instruction, et en particulier l'enseignement scientifique du peuple, vers cet objet commun : la solidarité, ce qui permettrait de mener de front, comme il est indispensable, la double besogne du développement des intelligences et de l'amendement des volontés ; 2º de mettre franchement en lumière l'insuffisance des lois naturelles de solidarité et la nécessité permanente du bon vouloir humain ; 3º de demander enfin les premiers sacrifices, les premières marques de désintéressement et de bonne volonté aux classes les plus aisées et les plus instruites ; de leur imposer, à elles tout spécialement, la charge de contribuer sans cesse, par leurs initiatives généreuses, au progrès de la solidarité, c'est-à-dire à la transformation de la solidarité brute en solidarité rationnelle ou idéale, puisqu'aussi bien, en justice, en vérité, en raison, il ne saurait évidemment appartenir à ceux qui ont le moins, de faire eux-mêmes des avances à ceux qui ont le plus.

les hommes ensemble vers un idéal de justice et de fraternité supérieures. Le jour où, par un enseignement chaud et précis de la vraie solidarité humaine, vous aurez pu faire pénétrer profondément dans l'esprit des plus misérables cette idée qu'ils ne peuvent en réalité attendre aucune amélioration solide de leur sort que du progrès commun, vous aurez trouvé le meilleur moyen de substituer à la haine et à la lutte violente des classes la paix et la coopération fécondes. De ces forces prolétariennes, dont la tension croissante et aveugle risquait de produire les pires cataclysmes, vous aurez fait, en les instruisant et en les disciplinant, les plus puissants moteurs de l'amélioration sociale.

Si donc les classes instruites et aisées peuvent, pour le bien de tous comme pour leur bien propre, éviter le péril de la révolte populaire, c'est surtout en se consacrant sincèrement et affectueusement à l'éducation intellectuelle et morale du peuple qu'elles y réussiront ; c'est en répandant de toutes leurs forces et de tout leur cœur dans la foule les notions salutaires de vraie solidarité. La bourgeoisie qui par indifférence, par paresse, par fierté ou par dédain, négligerait cette œuvre de salut, ne se rendrait pas seulement coupable d'une injustice scandaleuse contre les humbles dont elle accepte pourtant les bienfaits, et d'un véritable crime contre l'humanité. Elle commettrait un suicide : elle préparerait de sa main, par cette simple abstention, l'explosion des forces violentes et terribles qui ne manqueraient pas, pour finir, de la balayer justement. Les moyens d'action sont divers ; mais, quoi que nous réserve l'avenir, il faut que chacun puisse se dire : « J'ai fait de mon mieux tout ce que j'ai pu ». Et si peut-être nos efforts en vue de contribuer pour notre part à l'œuvre de fraternité et d'union coûtaient, même à notre amour-propre, quelque critique et quelque sacrifice, comment pourrions-nous croire que c'est payer trop cher la joie d'un grand devoir social accompli ?

CONCLUSION

LES DEUX SOLIDARITÉS

Au terme de cette étude, peut-être sera-t-il plus facile de comprendre une vérité déjà formulée au début. La solidarité a deux visages : l'un regarde le réel, c'est-à-dire le présent et le passé ; l'autre regarde l'idéal, c'est-à-dire l'avenir. Leurs caractères sont différents et leur beauté fort inégale. Avec des traits plus nets et plus fermes, le premier nous présente encore bien des imperfections et des laideurs. Les lignes du second, moins arrêtées, plus mobiles, sont, nous n'en pouvons douter, d'un type infiniment plus pur. Et pourtant ils se ressemblent; ils se tiennent ; et nous jugeons que, de plus en plus, ils se rapprocheront l'un de l'autre, pour se confondre, à la limite, dans une seule et même figure de grâce et de noblesse supérieure, si nous savons bien le vouloir. Connaître tels qu'ils sont ces deux visages ; voir qu'ils sont bien distincts, mais inséparables ; travailler

tous de notre mieux à leur graduelle et intime
fusion dans une unique beauté parfaite : tel est
le devoir.

I

Nous ne laisserons pas la première de ces
deux figures, par sa précision frappante, retenir
à elle seule tous nos regards ou s'asservir
toute notre pensée. Nous n'élèverons donc pas
la solidarité naturelle au rang d'un principe
absolu, en dehors et au-dessus duquel il n'y
aurait plus rien à chercher. Nous nous garde-
rons de placer en elle toute notre foi et tous
nos espoirs. Notre foi serait surprise, et nos
espoirs trompés. La solidarité, telle qu'elle existe
en fait dans le monde et surtout dans nos sociétés,
aboutit au mal comme au bien, au crime comme
à la vertu, à l'iniquité comme à l'injustice. Livrée
simplement à elle-même, comment pourrait-
elle jamais se corriger de ses défauts ? Il serait
téméraire, ou plutôt absurde, de s'en remettre à
la nature du soin d'amender spontanément et
de dépasser la nature. Il n'y a pas seulement
erreur, mais danger mortel dans cet optimisme
intempérant et paresseux, dans ce naturalisme
naïf et crédule, qui pense que les choses, par

une sorte de miracle de sagesse inattendue et de
générosité gratuite, feront très suffisamment
elles-mêmes, de leur propre inspiration et de
leur propre effort, la tâche des hommes.

II

Nous ne permettrons pas davantage à la figure
purement idéale de la solidarité de prendre, par
la toute-puissance de son charme, un empire
exclusif sur notre esprit, au point de lui faire
méconnaître, ou simplement oublier, l'interdépendance effective des êtres, et principalement des hommes. Plus haut est l'idéal, plus il
y a lieu de craindre qu'il ne nous détourne trop
de la réalité. D'une part il attire, par son élévation même, séduit et capte victorieusement
toutes les énergies actives de notre pensée. De
l'autre, à cause de son élévation encore, il risque
de nous détacher du monde et de l'action réelle,
par le désespoir de voir jamais l'humble et pauvre
nature atteindre un terme tellement supérieur
et lointain, ou même en approcher. Il importe
donc de se souvenir que la raison ne crée pas de
toutes pièces l'idéal, mais qu'elle le dégage et le
tire, en un sens, du réel. Conscients du rapport
fondamental de ces deux principes, et, si l'on ose

ainsi dire, de leur étroite parenté originelle, nous n'aurons aucun motif de désespérer du resserrement de leur alliance. Nous nous sentirons en droit d'escompter, sinon le règne prochain et absolu de l'idéal dans l'univers, du moins l'accroissement progressif de son autorité efficace sur les êtres et sur les choses. Ainsi nous éviterons une autre erreur et un autre péril des plus redoutables : l'idéalisme excessif et par là même inerte, le pessimisme raffiné, séduisant peut-être, mais malsain, de ceux qui disent : mesurer par la réflexion l'abîme entre la réalité et le rêve; comprendre l'entière vanité de tout effort pour rapprocher l'une de l'autre : telle est la seule destinée des hommes : le mal naturel est totalement incurable, et le cas de notre monde, désespéré.

III

La vérité et aussi le salut résident dans l'idéalisation progressive du réel par les efforts volontaires ou rationnels des hommes. Nous serons encouragés à cette besogne, si nous songeons que, dès maintenant, cette petite part d'idéal que nous voyons mêlée aux choses et à la vie est comme une belle fleur sortie du sol d'abord ingrat de la réalité physique, à la chaude lumière de l'esprit et par le patient labeur de la volonté humaine. Poursuivre le travail heureusement commencé, organiser de plus en plus rationnellement la solidarité positive entre les hommes, à force de réflexion et d'énergie ; chaque jour plier davantage cette matière, indifférente par elle-même, à la forme parfaite de notre raison ; éliminer peu à peu de la société et du monde les maux invétérés et tenaces, par le judicieux appel à toutes les ressources d'un bon vouloir éclairé, courageux, assidu et persévérant ; c'est, assurément, une grande tâche, difficile, délicate, et sans doute infinie ; pourtant, c'est notre tâche à tous.

Afin de la préciser, il serait nécessaire, on le conçoit, de marquer avec détail et netteté l'écart entre la solidarité présente ou effective et la solidarité idéale que nous rêvons pour l'avenir. Il faudrait donc rechercher tous les éléments nouveaux que notre raison et notre conscience, cédant à leurs vœux intimes, ajoutent à la notion de la solidarité naturelle entre les hommes, pour en faire l'idée incomparablement plus belle, plus noble et aussi plus féconde, de la fraternité véritable. C'est tout un immense édifice qu'il resterait à bâtir. Peut-être en aura-t-on remarqué les pierres d'attente dans le chapitre Ier de la IIe partie de cet ouvrage. On a vu, dans cet endroit, que la vertu de fraternité est une synthèse de la raison et de la nature ; mais l'apport de la raison n'a pas été autrement déterminé. Cette détermination précise et complète serait, en termes propres, après l'histoire naturelle ou la physique de la solidarité humaine la métaphysique ou la morale de la solidarité. L'œuvre a de quoi tenter. Mais à chaque jour suffit sa besogne ; et celle dont on vient d'esquisser l'idée n'est point la besogne d'un jour, ni d'une année, ni même, sans doute, d'une seule vie. Ce n'est autre chose, en effet, qu'une théorie générale de l'existence et de la société, au point de vue de ce qui devrait être. C'est donc toute une morale, toute une sociologie idéale. Or pour la construction sage, même en pensée, de la cité future, quelques mois, quelques années même, ne sont pas assez : il y faut la réflexion des siècles.

Pour le moment, on se contentera de noter ici, en deux mots, dans quelle direction générale doit être cherchée la solution de cet éternel et vaste problème. Cette direction est évidemment celle de la raison ; elle est, par suite, celle de la vérité identique pour tous ; par suite encore celle du droit universel ou de l'égale li-

berté de tous les hommes ; enfin, celle de la
justice. Rationaliser la solidarité humaine,
c'est la rendre plus juste, à la condition de donner à ce dernier mot toute sa réelle ampleur, qui
enveloppe jusqu'à l'affection légitime entre tous
les fils d'une même humanité solidaire. La
justice est ainsi la « norme » suprême qui, par
nos soins, doit présider à l'évolution sage de la
solidarité positive, et de plus en plus rapprocher celle-ci de la solidarité idéale ou de la fraternité. C'est l'astre vers lequel nous devons lever
nos regards pour nous guider, sans perdre de
vue pourtant, de peur des fondrières et des puits,
le sol où nous marchons. N'attendons pas follement que cette solidarité juste naisse, par on ne
sait quelle spontanéité miraculeuse, d'un monde
où l'injustice a si longtemps prospéré et d'où
les efforts séculaires des hommes ont à grand'-
peine réussi à extirper quelques-unes de ses
racines ! Fondons notre confiance dans l'idéal
sur notre confiance en nous-mêmes ! Songeons
que l'équité ne se fait pas toute seule, mais que
nous la faisons ! Disons nous que nous devons,
par notre énergie rationnelle, ferme et généreuse,
tout d'abord nous en rendre dignes ; que la banqueroute du droit n'est jamais, au fond, que la
banqueroute de nos raisons et de nos courages

individuels ; et qu'enfin la loi nécessaire des êtres raisonnables, dans un monde qui n'est pas celui du pur esprit, est de conquérir de haute lutte la solidarité idéale, c'est-à-dire la fraternité vraie et la justice, sur l'iniquité première de la solidarité naturelle, des choses et des gens, — non sans, hélas ! y éprouver quelque peine.

APPENDICE

DE LA FRATERNITÉ

(extrait d'un discours prononcé en 1899)

———×———

... Ce qu'est la fraternité véritable et sur quel principe elle s'appuie : voilà ce que je désire marquer à grands traits.

I

La fraternité est une vertu plus complexe et plus difficile qu'il ne semble au premier abord. Ce mot éveille tout de suite l'idée d'une affection naturelle, de cette amitié si douce qui relie tous ensemble les enfants d'une même famille. Le cœur paraît avoir dans ce sentiment une part tout à fait prépondérante, sinon exclusive. Et certes, il n'y a pas de fraternité vraie là où font totalement défaut cette chaleur d'âme, cet enthousiasme de bonté, qui ajoutent au sacrifice la grâce suprême d'une sorte d'allégresse. Mais aussi, la fraternité ne consiste pas tout entière dans un élan irréfléchi du cœur vers les autres hommes. Ces purs mouvements de sensibilité sont sujets à d'étranges retours. Aveugles et incertains de leur terme, ils s'épuisent trop souvent dans un effort

21*

tout intérieur ; ou bien encore ils se dépensent en des actions qui jurent singulièrement avec la réelle bienveillance dont pourtant elles s'inspirent. On voit des hommes faire très fraternellement le malheur de leurs semblables, puis, de la meilleure foi du monde, s'étonner de l'indignation qu'ils soulèvent autour d'eux : ils se sentent si pleins d'affection pour leurs victimes ! Le cœur, ne l'oublions pas, se repaît indifféremment d'erreurs ou de vérités ; au fond, il ne se repaît que de lui-même : l'erreur et la vérité relèvent d'un autre principe. Aussi redouterons-nous cette fraternité vague, dont la flamme tour à tour s'avive ou s'éteint et, si l'on ose ainsi dire, danse au vent de l'occasion, parce qu'elle n'est rien qu'une flamme.

Il y a, dans la fraternité véritable, plus de lumière encore que de chaleur et de feu. Ce sentiment doit être tout imprégné de raison. Il sait très précisément l'objet auquel il s'attache. Et cette clarté ne lui ôte rien de son ardeur ni de sa force. Ce n'est pas cet amour-là qui vit d'illusions. La fraternité ne s'éprend ni de la beauté d'un visage, ni même de la puissance d'un esprit ou de la noblesse héroïque d'un caractère. Elle va, dans l'homme, droit à ce qui fait l'homme. Négligeant à dessein tous ces traits particuliers dont l'individualité se forme, beautés ou laideurs, qualités ou défauts, vices ou vertus, elle s'intéresse uniquement à ce qui nous rend tous frères : c'est la raison et la liberté humaines qu'elle aime en tout être humain. Selon Kant, le respect a pour seul objet le devoir ; c'est à la loi morale qu'il s'adresserait encore chez ceux de nos semblables à qui nous l'accordons. La fraternité, sur ce point, se rapprocherait du respect : issue, comme lui, de la raison autant et plus encore que du cœur, elle se prendrait moins à des êtres individuels qu'à une idée, celle de la personne humaine et de sa haute dignité.

La notion de la dignité humaine, c'est la notion même du droit. Comment donc la fraternité s'accommoderait-elle jamais d'un attentat contre le droit ? Rien ne répugne davantage à ce sentiment que l'injustice. car elle s'attaque à la personne même et tend à la détruire. . . . .

La fraternité ne s'arrête ni aux différences de doctrines, ni à celles d'opinions et de croyances ; elle passe bien plus facilement encore sur les différences tout extérieures et superficielles de race ou de condition. Elle enveloppe dans la même affection impartiale tous les hommes quels qu'ils soient, car elle reconnaît en eux tous cette dignité humaine qui seule a du prix à son gré. Singulière fraternité qui s'informerait d'abord du rang ou de l'origine des hommes, afin de savoir si elle peut les aimer ! Plaisante, triste charité, qui mesure son dévouement ou même la simple justice aux hasards de la naissance ou de la fortune ! Pourquoi faut-il qu'on ait à répéter des principes aussi clairs ? Toute limitation, toute restriction mise à la fraternité, en réalité la détruit. La fraternité est universelle ou n'est pas. Devant elle, les hommes sont égaux, étant tous des hommes. Si elle consent néanmoins à faire entre eux quelque distinction, c'est en faveur des plus misérables. En face de ceux que la nature a disgraciés ou que le sort a trahis, en face de ceux-là surtout que l'iniquité a atteints, elle se sent émue d'une affection plus tendre, plus chaude, plus généreuse. Ce sont nos frères, comme les autres, mais ce sont des frères malheureux. On dirait que l'humanité brille en eux d'un éclat plus vif et plus touchant par le contraste des misères, des indignités ou des outrages.

C'est pourquoi nos soucis et nos soins fraternels vont, parmi nos semblables, tout d'abord à ceux-là. Car la fraternité n'est pas seulement un amour éclairé et large de l'homme, elle est encore un amour actif. Cette sentimentalité diffuse, commode et paresseuse, dont nous faisons trop souvent un masque à notre égoïsme, n'a de la fraternité que le nom. La fraternité vraie joint à l'horreur du mal l'effort pour le corriger, ou mieux pour le prévenir. Elle souhaite l'égalité de tous dans le bonheur aussi bien que dans le droit. Et ce n'est pas chez elle un simple vœu platonique. Ignorante des résignations faciles aux misères d'autrui, elle refuse d'accepter ce que d'aucuns appellent les tristes fatalités de la nature et de la vie. Elle a de la raison une estime trop haute pour douter qu'elle puisse apporter remède, par son travail et ses recherches, aux injustices de l'existence. Supérieure à cette charité courte de vue dont le zèle ne s'applique qu'aux maux une fois déchaînés, la fraternité veut tarir les sources du mal : c'est une charité préventive.

Elle rêve d'un ordre de choses meilleur, d'où la misère serait enfin absente. Elle travaille par la science et l'action à le réaliser. Efforts vains ! Espérances creuses ! disent les sceptiques. Qu'en savez-vous ? Cet espoir est beau du moins. Il vaut, à coup sûr, la peine que l'humanité s'en enchante. Et quant à admettre que le mal doive se perpétuer pour servir de matière aux vertus charitables, qu'il emprunte je ne sais quel caractère sacré à ces mérites supérieurs dont il serait le triste gage, c'est une opinion que nos cœurs fraternels ne peuvent plus même comprendre. Il subsiste parfois, au fond de la charité, un égoïste et secret orgueil du bien. La fraternité est humble de sa nature et totalement oublieuse de ses propres mérites. Elle ne croit rien faire d'exceptionnel ni de très grand en s'employant de son mieux au bonheur des autres hommes. Son idéal est de n'avoir plus enfin, faute de mal dans le monde, à faire le bien.

Ainsi, la fraternité unit en elle ce qu'il y a de meilleur dans la justice et dans la charité. C'est une charité, mais une charité sage, agissante, modeste et soucieuse avant tout de l'égalité et du droit. C'est une justice, mais qui n'a rien d'étroit ni d'abstrait, une justice vivante et généreuse, plus prompte encore à soutenir le droit qu'à le revendiquer. Il semble que le devoir de fraternité résume à lui seul toutes les conditions morales de l'existence collective. L'État où régnerait cette vertu aurait par surcroît toutes les autres. Mettez la fraternité au cœur des citoyens, et la liberté de chacun ni l'égalité de tous ne courront plus de risques. Dans notre belle et profonde devise nationale, le dernier terme ne s'ajoute pas seulement aux deux autres : si nous savons l'entendre, il les reprend, il les explique, il nous en donne la clef. . . . .

II

C'est à l'éducation morale qu'il appartient surtout de développer la fraternité. Pourtant l'évolution sociale bien comprise contribue pour sa part à cette œuvre. Elle met en relief la notion de l'individualité. Mais à mesure que l'individu se dégage plus complètement de la foule où il se confondait tout d'abord, à mesure qu'il acquiert une conscience plus nette de ses pouvoirs, de son indépendance et de sa dignité, il reconnaît mieux aussi le principe réel de sa valeur. L'individualisme légitime n'est pas une prétention de l'égoïsme, mais une revendication de la personne. Or, l'idée de la personne ne se sépare pas de celle de l'humanité. Découvrir au fond de nous-mêmes la liberté et la raison, c'est découvrir au fond de nous le genre humain.

Sachons réfléchir, ne nous en tenons pas à la surface ni aux apparences des choses, et nous reconnaîtrons que l'évolution naturelle, en multipliant les divisions dans la société, fait ressortir en fin de compte la mutuelle dépendance et les obligations mutuelles des hommes. C'est la reconnaissance de cette solidarité intime entre tous les êtres humains qui doit de plus en plus affermir nos sentiments de fraternité.

Songez à ces ouvriers innombrables qui, autour de vous, dans les villes, dans les champs, au fond des mines, sur mer, et jusque dans les pays les plus lointains, unissent obscurément leurs efforts afin de vous procurer tous ces biens matériels dont vous jouissez presque à votre insu, tant l'usage vous en est familier Certes, votre bonheur physique et votre santé même ne sauraient aujourd'hui se passer du concours des hommes.

Et ce n'est pas seulement dans l'ordre matériel que notre vie est comme suspendue à celle de l'humanité, mais encore dans l'ordre intellectuel et moral.

Notre intelligence est toute pétrie de celle de nos pères. Ce n'est pas assez de dire, avec A. Comte, que « les vivants sont de plus en plus gouvernés par les morts » ; les morts, en vérité, revivent, repensent en nous. Et, en même temps que de la leur, notre pensée est faite, pour une autre part, de celle des contemporains. Il y a, dit on souvent, des idées qui flottent dans l'air et que l'on y respire. L'instruction, la lecture, la vie mondaine, la conversation, l'opinion, de façon générale le langage, et sans doute aussi d'autres voies mystérieuses dont commence à se préoccuper la science d'aujourd hui, assurent entre les esprits des communications incessantes, de perpétuels échanges. Les pensées individuelles sont comme baignées dans la pensée commune. Elles peuvent donner des fleurs plus ou moins brillantes, mais les plus belles et les plus rares parmi ces fleurs de pensée auraient-elles pu s'épanouir, si elles n'avaient puisé, dans les fonds où plongent leurs racines, tous les sucs nécessaires ?

Avons-nous quelque bonté dans l'âme, quelque générosité dans le caractère, quelque délicatesse dans les sentiments ? Ne nous hâtons pas trop d'en concevoir de l'orgueil : peut-être ces vertus ne sontelles pas tout entières à nous. Les hommes commettent-ils le mal sous nos yeux, ne nous empressons pas de les condamner avec une rigueur impitoyable, du haut de notre honnêteté : peut-être avons-nous aussi quelque part dans leurs misères et dans leurs vices. Savons-nous jamais le point précis où commence notre responsabilité, et surtout où elle finit? Notre vie morale elle-même se relie par mille nœuds subtils et secrets à celle de l'humanité passée et présente. Elle ne serait pas ce qu'elle est si l'éducation, la coutume, l'enseignement, les exemples, la civilisation en général n'y avaient contribué. A coup sûr, je ne prétends pas que notre moralité, non plus que notre pensée, soit tout simplement l'œuvre de l'humanité en nous. Que serait l'humanité sans les hommes individuels ? Chacun de nous contribue pour sa part au progrès ou à la décadence de tous. Chacun ajoute ou retranche au trésor commun du vrai, du beau et du bien. Et voilà justement l'idée qui, du sentiment profond de la solidarité humaine, doit faire, en chacun de nous, une fraternité agissante et féconde.

En effet, si notre vie est réellement inséparable de celle des autres hommes, si elles se pénètrent l'une l'autre au point de se confondre par plus d'un côté ; et surtout, s'il n'est en nous pas une seule perfection dont l'humanité ne soit en droit de revendiquer quelque chose, comment l'affection et même le dévouement pour nos semblables ne s'imposeraient-ils pas à notre raison et à notre conscience comme une simple justice ? Du fait seul de notre naissance, nous avons contracté envers le genre humain une immense obligation. Cette obligation s'aggrave à chaque jour de notre vie. Aimer donc nos semblables autant et plus que nous-mêmes, défendre leurs droits, et de toutes nos forces travailler à leur bien, ce n'est point dépasser les bornes d'une élémentaire gratitude. La fraternité, c'est, dans la personne humaine, raisonnable et morale par nature, le sentiment de sa dette envers toute cette humanité dont elle est, en fait, solidaire, et le sincère effort pour s'en acquitter.

Nous devons donc nous élever de bonne heure et revenir souvent à l'idée de notre solidarité étroite avec les autres hommes. Nous voir à notre place dans les divers ensembles dont nous faisons partie, dans la famille d'abord, dans la patrie ensuite, enfin dans l'humanité, c'est le meilleur moyen de cultiver en nous la fraternité vraie. Il faut nous rendre compte une bonne fois que nous ne vivons pas en nous-mêmes et par nous-mêmes, mais que nous vivons aussi dans les autres, par les autres, et conséquemment pour les autres. Nous devons nous habituer à envisager toutes choses sous l'aspect de l'humanité : c'est le grand centre de perspective morale. Quand la raison s'est haussée jusque-là, les sentiments prennent bientôt plus d'ampleur et de noblesse. Si nous nous plaçons toujours au point de vue général de l'humanité, nous échapperons plus facilement à l'égoïsme, aux suggestions des petits intérêts de métier, de classe, de parti. Un philosophe l'a dit, ou à peu près, le général, en passant de l'ordre de la spéculation dans celui de la pratique, devient tout naturellement, chez l'homme de bon vouloir, le généreux.

TABLE ANALYTIQUE DES MATIÈRES

PRÉFACE

CARACTÈRE ET PLAN DE L'OUVRAGE

~~~~~~~~

PREMIÈRE PARTIE

LE FAIT DE LA SOLIDARITÉ ENTRE LES HOMMES

LIVRE I.

LE FAIT DE LA SOLIDARITÉ MATÉRIELLE ENTRE LES HOMMES.
~~~~~~~~

DEUXIÈME PARTIE

LES CONSÉQUENCES MORALES DU FAIT DE LA SOLIDARITÉ ENTRE LES HOMMES

CONCLUSION.

LES DEUX SOLIDARITÉS.

APPENDICE.

DE LA FRATERNITÉ (DISCOURS).

SOCIÉTÉ FRANÇAISE
d'Imprimerie & Librairie
PARIS-POITIERS